不吼不叫

BUHOU BUJIAO

好妈妈调教孩子的
100个语言细节

孙红颖 / 编著

成都时代出版社
CHENGDU TIMES PRESS

图书在版编目（CIP）数据

不吼不叫，好妈妈调教孩子的 100 个语言细节 / 孙红颖
编著 . -- 成都 : 成都时代出版社，2018.8（2018.10 重印）
ISBN 978-7-5464-2096-7

Ⅰ . ①不… Ⅱ . ①孙… Ⅲ . ①家庭教育－语言艺术
Ⅳ . ①G78

中国版本图书馆 CIP 数据核字（2018）第 100484 号

不吼不叫，好妈妈调教孩子的 100 个语言细节
BUHOUBUJIAO HAOMAMA TIAOJIAO HAIZI DE 100 GE YUYANXIJIE

孙红颖　编著

出 品 人	石碧川
责任编辑	樊思岐
责任校对	李 航
装帧设计	范 磊
责任印制	唐莹莹
出版发行	成都时代出版社
电　　话	（028）86618667（编辑部）
	（028）86615250（发行部）
网　　址	www.chengdusd.com
印　　刷	三河市嵩川印刷有限公司
规　　格	710mm×1000mm　1/16
印　　张	16
字　　数	200 千字
版　　次	2018 年 8 月第 1 版
印　　次	2018 年 10 月第 2 次印刷
印　　数	1-8000
书　　号	ISBN 978-7-5464-2096-7
定　　价	39.80 元

妈妈是孩子最亲密的人，也是孩子的引路人。天下的妈妈都希望自己的孩子将来能学有所成，成就一番自己的事业。美好的希望能否顺利实现，妈妈的教育方式有着至关重要的作用。

有效的教育应该是不吼不叫、耐心倾听、悉心教导、率先垂范。教育孩子时，妈妈不吼不叫，能真正理解孩子的"小心思"，营造一个温馨的家庭氛围，培养与孩子亲密的关系；妈妈不吼不叫更容易读懂孩子的每一个表情，及时有效地疏导孩子的情绪……

有的妈妈可能会问："就算孩子调皮捣蛋，我们也得'忍气吞声'，不吼不叫吗？"当然，而且是必需的。不吼不叫的教育方式，能让孩子更优秀。这是因为当妈妈心情稳定时，说的话，做的事，所传递的每一个眼神，都是更趋于客观、理智的，都能经得起孩子的"检验"，孩子自然就会信服。

妈妈要知道，无论是哪一种管教方式，最重要的都是要让孩子感受到管教背后是妈妈的"爱"，而非冷漠，或是以"爱"为名，而出发点却是逞大人一己之私欲的假爱。

不吼不叫，是一种充满爱的教育方式。这种教育方式是积极的、温暖的、充满爱意的，体现了对孩子的尊重和鼓励。这样，孩子就会带着自信勇敢前行。

没有吼叫的沟通，孩子更容易接受，能让孩子健康快乐地成长；吼叫式沟通，不但达不到教育的效果，还会把自己放到一个与孩子敌对的位置上，加深与孩子之间的矛盾。好妈妈要掌握"不吼不叫"的教育精髓，首先要学会控制自己的情绪，内心平静才能仔细揣摩孩子的心理，才能作出正确的判断和决定。

如果你感觉你的孩子"不懂事""不听话""不服管"，那么，阅读这本书就很有必要了。俗话说，只有不会教育的父母，没有教育不好的孩子。本书重点介绍的就是妈妈在与孩子沟通时需要注意的100个语言细节，帮助家长通过正确的方式教育孩子，让孩子更加健康地成长。

目录
contents

第3章
用赞美代替吼叫，让孩子自信满满

第4章

不吼不叫，批评不妨加点"责备"技巧

第5章

情绪疏导，留心孩子的每一个表情

第6章

蹲下来，用平等的语言和孩子沟通

第7章

多鼓励少说教，让孩子学习更轻松

第8章

好妈妈这样说，培养孩子好品德

第9章

以"教"代"吼"，提升孩子沟通能力

第*10*章

跨越"吼叫雷区"，好妈妈说话忌语

第1章

不吼不叫，把爱融入到话语中

　　妈妈温和的言语更能让孩子感受到浓浓的爱意，"轻声细语"的效果要比吼叫强很多倍。每一个孩子都希望妈妈能以温柔的方式对待自己，在妈妈温柔的教育下，孩子更容易倾听妈妈的建议，同时降低孩子的"敌对"心理。

✻ 把"不吼不叫"当作教育孩子的准则

近些年来，家庭教育越来越倾向于温柔化，我们现在经常听到的一个词——"零吼叫"，也就是说用不吼不叫的方法教育孩子。这个"零吼叫"的教育方式与简单、粗暴不同，它强调的是妈妈应该把教育孩子的关键点放在如何安抚自己的焦虑情绪上，而不是用吼叫的方式达到控制孩子的目的。

有些妈妈可能会怀疑这种不吼不叫的教养方式能否起到更好的作用，它会胜过吼叫吗？只要能够起到教育孩子、警示孩子的作用，又何必一定要控制自己不吼叫呢？

不可否认，在教育孩子时，某个特定的时段，妈妈的一声吼叫往往会比轻声细语管用。因此，有的妈妈开始怀疑这种"零吼叫"的教育方式。"零吼叫"或者说"不吼不叫"的教育方式到底有什么优点呢？我们为什么要把这种教育方式当作教育孩子的准则呢？

妈妈可以静静地思考一下：为什么会在教育孩子的时候吼叫？一般又在什么情况下会吼叫？当然，随之而来的一个问题就是：在妈妈吼叫完之后又会出现什么样的结果呢？

妈妈正准备把从超市买来的鸡蛋放进冰箱，这个时候，女儿从外面回来了，出于对"蛋宝宝"的好奇，女儿趁妈妈不注意，拿起了一个鸡蛋，瞪着眼睛看。此时，妈妈看到女儿的"大胆举动"，突然吼了一声："快放下，别打了鸡蛋！"这一声吼把沉浸在"蛋宝宝"世界的女儿吓了一跳，鸡蛋随即"啪"地一声掉到地上碎了，女儿一边哭一边说："妈妈，以后我再也不碰鸡蛋了。"

上面这个故事中，妈妈之所以会吼孩子，是因为害怕孩子把鸡蛋打碎，想要制止女儿的行为。可妈妈这一吼，并没有得到自己想要的效果，恰恰适得其反，不仅吓得孩子打碎了鸡蛋，还给女儿的心理留下阴影。由此可见，大声吼叫的教育方式有时并不能取得期望的效果，甚至还有可能使事情往坏的方向发展。

如果不懂得克制和改变，久而久之，妈妈便习惯用这种吼叫的方式来教育孩子，而忽略了孩子的反应和感受。通常，当妈妈大吼大叫时，孩子往往会出现以下反应：

1. 行动服从，但是心不服

当我们对孩子吼叫的时候，孩子一般的表现是做出或服从或反抗的反应。如果孩子服从了，妈妈会立刻尝到吼叫教育的"甜头"，在今后的生活中，会加大使用这种教育方式的强度。但是妈妈可能从来没有思考过，即便是孩子行为上服从了，他们的内心是否真正服从了呢？如果他口服心不服的话又该怎么办？等孩子到了"忍无可忍"那一天的时候，他往往会用更强烈的方式给妈妈以突然反击，以此来表达内心积蓄已久的不满。

如果此时妈妈还没有意识到教育上的问题，不懂得改变自己的教育方式，不懂得和孩子坐下来平等沟通，那么在之后的教育过程中，类似的问题会层出不穷，孩子也就"名正言顺"地进入逆反期。更为可怕的是，孩子的反叛情绪还有可能会伤及其他人，如亲人、朋友、同学等，从而成为别人眼中的"坏孩子"。

2. 性格变得懦弱了

有些孩子为了避免听到妈妈的再次吼叫，而战战兢兢地生活，什么事情都不敢去触碰。孩子不会主动去尝试新鲜的事物，更不会积极主动地去迎接挑战，他会因为害怕遭到妈妈的斥责而不敢积极主动的去尝试、去行动，从而逐渐变得胆怯和懦弱，最后成长为一个懦弱、不敢承担责任的人。所以说，用吼叫的方式来教育孩子，很可能会让孩子的性格走向极端，不是变成叛逆者就是成为生活中的懦夫，这也就是为什么我们要把"零吼叫"教养当作准则的根本原因。

孩子的成长道路需要他自己去走，妈妈不要因为自己的不正确教育方式而影响了孩子的成长，要善于吸收科学的教育理念。相信"零吼叫"的教育方式，用柔声细语才能更好地让孩子认识到自己的错误，也能够让孩子变得更优秀。

当然，这个学习和练习的过程也许需要花费很长的时间，也许妈妈有时真的无法控制住情绪，无法做到不吼叫。但是，只要妈妈有这个意识，不断地去鼓励自己、激励孩子，那么吼叫的频率就会降低，孩子的性格也会逐渐变好。当然，随着妈妈教育方式的转变，孩子也会逐渐朝着积极的方向发展，总有一天，妈妈会发现这种教育方式让孩子变得更加优秀了。

✳ 不吼不叫，好妈妈胜过好老师

家庭教育和学校教育对孩子的成长都发挥着极其重要的作用，影响着孩子的未来发展。家庭教育是一切教育的基础，学校教育的顺利进行少不了家庭教育的配合和辅助，而妈妈往往又是家庭教育的主要引导者。一个好妈妈可以胜过一个好老师，而不吼不叫正是好妈妈的一个重要特质。

客观地说，孩子入学之后，独立生活的空间变大，开始出现一些需要他独自面对、解决的问题，比如和同学之间的摩擦、学习上的困难等。此时，除了学校老师的帮助外，孩子更需要的是妈妈的安慰和引导。如果妈妈做不到心平气和地对孩子加以安抚，反而对孩子大吼大叫，那么这不仅会给孩子带来更大的挫败感，还会降低妈妈在孩子心中的威信和地位。所以说，孩子在受教育的过程中，好妈妈一定要懂得做好引导和教育工作。

1. 用温柔化解孩子的挫败感

江超因为在学校和同学发生矛盾，并打了同学，被老师狠狠地训斥了一顿。可想而知，江超的心里是多么难受。江超一回到家中，细心的妈妈便看出他的脸色不对。在妈妈的询问下，江超把在学校和同学产生矛盾到打架的过程说了一遍。原来，同学不小心将他的小飞机弄坏了，而且也不给他道歉，争吵之下，江超就出手打了对方。

妈妈耐心听了江超的描述之后，不急不慢地对江超说："妈妈很理解你的心情，以后和同学玩玩具的时候注意一些，即便是对方做错了，你也不要动手打对方，你可以将这件事情告诉老师，老师自然会帮助你们解决的。老师批评你了，证明你也有做错的地方，起码你不应该先动手打人，但是妈妈理解你，不怪你，别多想了，洗洗手去，今天妈妈买了你爱吃的水果！"

孩子被老师批评之后，回到家中，最需要的就是妈妈的安慰，即便是自己真的做错了，他也希望妈妈能够理解自己。如果此时我们因为孩子做错了事，就喋喋不休地大声斥责孩子，他一定会感到十分无助和伤心，会因不被理解而更加难受。所以，此时此刻妈妈可以用自己温柔的语言来表达对孩子的理解，这不仅能够让孩子认识到自己的错误，还能够化解孩子内心的挫败感。

2. 别让"吼叫"使妈妈丧失了威信

一天，玉刚兴高采烈地对妈妈说："妈妈，我们学校今天组织为山区孩子募捐图书的活动，我把上个星期你给我买的两本书都捐了，老师还夸奖我了呢。"

妈妈听到玉刚这样说，就大吼道："你把新买的两本书都捐了？你知不知道，那两本书花了好几十块钱呢，再说你可以捐旧书，干吗要把新书捐了，哪儿有你这么傻的孩子，你看谁像你一样把刚买不到两个星期的书捐了？你们老师当然会夸你，因为别人捐的都是不看的旧书。"

玉刚听妈妈这样一说，也大吼道："没有，我们老师开始不让，后来知道我读完了他才同意的。我们班捐新书的还有好几个呢，再说我也把书看完了，这两本书我看了两遍呢，人家还有捐五本书的呢。"说完，玉刚转身跑开了。

玉刚的表现自然会赢得老师的夸奖，在了解玉刚的情况之后，支持他捐两本新书的老师是位好老师。可是妈妈却在没有了解清楚的情况下，对玉刚大吼大叫，这让玉刚更喜欢老师，而远离妈妈了。

话说回来，即使玉刚没有看完就将两本书捐掉了，妈妈也应该用柔和的语言和孩子耐心地讲道理，告诉他这些书买得不容易，起码应该看完之后再捐献，这才有意义。用这种和气的方式教育孩子，他不但能听懂道理，而且会敬仰妈妈。如果妈妈习惯了用吼叫的方式给孩子讲道理，孩子非但不会听进去，反而还会因为妈妈的态度过于恶劣而感到生气，结果，妈妈的教育目的也是达不到的，并且孩子会对妈妈的教育方式产生抵触心理。所以，孩子对妈妈产生依赖感还是排斥感，完全取决于妈妈的教育方法和态度。

✵ 营造一个温馨和谐的家庭氛围

与社会相比，家庭对孩子的影响更大。营造一个温馨和谐的家庭氛围，对孩子身心的健康成长发育相当重要。

天底下的妈妈都希望自己的孩子能快乐地成长，所以会尽最大可能给孩子提供好的物质生活。但是，千万不要以为这就够了，家庭的和谐氛围才是影响孩子成长的关键因素，是送给成长路上的孩子最好的礼物。

蔡丽很希望自己的儿子有出息，因此当她看到和儿子一样大的小朋友都报了兴趣班之后，她心里也开始着急了。以前孩子周六日总是在家中玩或者跟着自己出去逛街，现在她觉得孩子是在浪费时间，她决定也给孩子报一个周末的兴趣班。

晚上，蔡丽将自己的想法跟丈夫说了，丈夫觉得这是个好事情，也表示同意。而对于要给孩子报什么班，蔡丽和丈夫意见不一，在丈夫看来，儿子只有8岁，可以学学儿童跆拳道，这样既能够锻炼身体，还可以防身。而蔡丽却不想让孩子学这个，她觉得学这个没有用，还是学英语比较好。

此时，在一旁玩儿的儿子似乎已经注意到父母的谈话内容。他看到妈妈和爸爸因为意见不合开始起争执，突然说道："妈妈，我不学跆拳道也不学英语，我想学乒乓球。"当时蔡丽愣了，因为她没想到儿子会说想学乒乓球。当然，蔡丽是绝对不会允许儿子学这个的，因为她觉得学乒乓球对学习毫无用处。

最后蔡丽不顾丈夫的意见，擅自给儿子报了英语班，每周六她都送儿子去上课。但是在每次去的时候，儿子都哭闹着不想去，即便去了也不好好学习，更是不会认真听老师讲课。渐渐地，蔡丽发现儿子不再跟自己聊天了，更多的时候孩子宁愿看电视也不跟自己说话，她也不知道这是为什么。后来，儿子情愿在自己屋里玩拼图，也不喜欢跟她出去逛街了。

其实，对于孩子的成长来说，家庭环境是十分重要的，孩子希望家庭能够和谐，并且更需要来自母亲的尊重。如果孩子感受不到来自妈妈的尊重，妈妈又只是将自己的观点强加给孩子，那么这种矛盾最终必然会影响到母子之间的关系。就如同上面例子中的蔡丽，她将自己的意愿强加给儿子，虽然她也是为了儿子好，但是她根本没有考虑到孩子的感受。最终，导致儿子慢慢疏远自己。一个合格的妈妈，不仅要考虑孩子的感受，更要能够为孩子创造和谐的成长氛围，让孩子感觉在家庭中地位平等，让孩子有被尊重的感觉，这样孩子自然而然能感受到快乐。如果孩子感受到的不是平等，而是妈妈的强迫，那么他又怎么可能健康快乐地成长呢？

作为妈妈，我们该怎样为孩子营造一种健康的家庭氛围呢？

1. 营造和谐的家庭气氛

营造和谐的家庭氛围，夫妻感情要和睦，爸爸妈妈关系好，孩子才能安心成长。反之，若夫妻感情不和，家庭气氛紧张，父母不仅无心照顾孩子，甚至还会拿孩子当"出气筒"，孩子怎能健康成长呢？

2. 营造平等、开放的家庭氛围

家庭成员中应该保持一种平等的关系，并不以年龄、身份的高低来区分家庭地位。家庭中的每一件事情，每一个人都有权利发表自己的看法，每一个人都应该受到家中其余成员的尊敬。

3. 营造快乐的家庭氛围

有这样一句话："与别人分享你的快乐，快乐就能翻倍。"当每个家庭成员都将快乐带回家的时候，整个家庭中无疑会充满欢声笑语。若家庭成员总是将不满的情绪带回家，家中的氛围可想而知也不会好。这并不是说即使遇到不快乐的事也要强颜欢笑，而是说父母本身应多一份豁达与乐观的心态，这样才能给孩子营造更快乐、轻松的环境。

从以上几点可以得出结论，作为新时代的我们，每一个父母都有为孩子营造快乐的家庭氛围的职责，只有这样才能让你的孩子健康快乐地成长。

✳ 和孩子说话时，将微笑挂在脸上

生活中，常常有这样的妈妈，说话做事只从自己的意愿出发，而很少考虑孩子的想法。说话时斜眼看着孩子，孩子稍有反抗的苗头出现，妈妈就会厉声呵斥，觉得"听话"才是孩子的本分。"你敢动，敢动试试""瞧瞧你都干了什么，还用我说吗？"妈妈这种给孩子"脸色"看的作为，在心理学上被称为"非言语信息交流""冷暴力"。妈妈的脸色一变、"冷言"

一出，许多孩子的心情就立刻从阳光灿烂转为暴风骤雨，瞬间从天堂落入地狱。

丽丽最近精力有些不集中，经常在学习和做事之时神不守舍，不是东张西望就是低头发呆，屡次遭到父母的批评。但爸爸妈妈不知道的是，他们正是让丽丽精力不集中的原因。

妈妈最近公司的事情特别忙，每天拖着疲惫的身体回到家中，和爸爸谈论的都是工作上的不顺心、同事的尔虞我诈、未来的迷茫。言语之中，多是叹息和抱怨，脸色自然好看不到哪里去。面对丽丽的时候，也是一点儿开心不起来，丽丽做的稍微有些不合她意，她便大吼大叫。在她面前，丽丽都是小心翼翼的。

爸爸也是如此，这几个月来，他一直赋闲在家，寻求工作机会，面试很多，复试很少。爸爸在家里闲得久了，遇到以前的同事和朋友难免面子上过不去。看到工作不顺利的妻子，再看看不专心学习的女儿，爸爸的世界里几乎没有晴天。

每天面对这样的爸爸妈妈，时常要揣测妈妈脸上的表情是什么意思？爸爸的无精打采又是因为什么？丽丽怎么能精力集中呢？

对此，妈妈要明白，要想孩子听你的话、集中注意力，首先需要让孩子放下对家长的警惕，只有家长脸上有无时不在的阳光，才能使孩子的内心充满美好向往和幸福感，集中精力去生活和学习。

1. 调整心态——适当放下家长架子

很多家长习惯在孩子面前端架子，认为孩子就得言听计从，这对孩子的成长很不利，容易让孩子形成唯唯诺诺的性格。当妈妈能放下身段、放下架子的时候，亲子交流才能有一个良好的开篇。

2. 会心一笑——增进和孩子的感情

微笑能使人心情舒畅，积极向上，忘记忧愁，也能传递快乐。所以，妈妈要学会微笑，将快乐传递给孩子，当孩子心情愉悦的时候，孩子也乐于接受妈妈的教育。家长养成了经常微笑的习惯，亲子感情也就得以融洽。

✳ 认真爱，别让爱变成伤害

有一位教育专家说过："推动摇篮的手，就是推动世界的手。"父母都是爱孩子的，但要给孩子一种成熟的爱还需要智慧参与。

有一位年轻的妈妈，给5岁的女儿报了各种各样的特长班——英语、绘画、钢琴、舞蹈……女儿每天奔忙于各个学习地点，没有一点儿玩耍的时间，学得苦不堪言；妈妈也不轻松，每天陪着孩子，东奔西跑，忙得团团转。她认为，给予孩子学习机会，让孩子学好本领，这就是对孩子最大的爱，再辛苦也值得。

有一天，女儿咬着铅笔头构思绘画，妈妈提醒说："别咬铅芯，有毒！"

过了一会儿，妈妈起身去卫生间，回来时，看见女儿正在偷偷往自己的茶杯里放铅笔芯。

妈妈大为惊讶，问："我告诉你铅笔芯有毒，你为什么放进我的杯子里？"

女儿不作声。

妈妈又问："你想毒死妈妈吗？"

女儿不作声。

妈妈说："毒死妈妈了，对你有什么好处？"

女儿沉默了一会儿，忽然闭着双眼，大叫道："我讨厌上特长班！"说完，抽抽搭搭地哭了起来。

妈妈难过极了！她没想到，她的一腔母爱，换来的竟是女儿的仇恨。

父母爱孩子，大方向要正确；让孩子接受良好的教育，方法要得当。但是，世上没有绝对的正确，也没有绝对的好。比如吃饭对身体有好处，吃撑了反倒会损伤身体。父母之爱，让孩子感受到了，接受了，产生了美好的体验和良好的激励作用，那才有意义；如果孩子感受不到，甚至产生负面影响，那爱就变成伤害了！

那么怎样避免让爱变成伤害呢？

首先，给孩子真爱。

一个6岁的孩子，读小学一年级，期末考试，两门功课考了198分——语文有一个错别字，丢了两分。

妈妈的心愿是"双百分"，见了孩子的试卷，难过得直流眼泪，责备道："你怎么这么粗心呢？这么简单的字也不会写？"

孩子很失落，低着头，像犯了大错误一样。

孩子考198分，已经达到了优秀的标准，应该得到表扬，但他从妈妈那儿得到的却是责备。孩子会怎么想呢？孩子会想：妈妈爱的不是我，爱的是分数。

事实也是如此，妈妈真正爱的是自己建立的标准，是自己想象中的那个"好孩子"，而不是现实中这个没有达到她的标准的孩子。当现实中的孩子跟想象中的孩子有差距时，父母便感到不满，甚至厌烦，这难道是真爱吗？

当父母凭想象要求孩子时，孩子为了得到父母的爱，一开始可能会努力成为父母心目中的那个完美的孩子。但终有一天，孩子会感到力不从心，觉得无论怎样努力都不能达到父母的要求，也不再希冀以努力"换取"父母的爱，从而走向反面。许多学习优秀的孩子，或许会因此变得厌学，导致成绩一落千丈。

真爱的爱是爱现在这个孩子，爱这个不尽完美的孩子，陪着孩子一起成长，一起承受烦恼和失败，一起追求进步和成功。

其次，让孩子感受到爱。

给孩子吃好喝好，有益于孩子的身体健康；指导孩子努力学习，有利于孩子的智力发展；制止和矫正孩子的不良行为，有利于改善孩子的道德品质和行为习惯……父母的这些行为，都包含着爱，但孩子能不能感受到父母的爱呢？这才是最重要的问题。我们做事，不仅强调动机和过程，也要重视实际效果。妈妈培养孩子的动机很好，过程也辛苦，却没有效果，那爱如何体现呢？像前面那位母亲，为了让孩子学习各种特长，费尽辛苦，到头来孩子却不领情，反倒想"毒死"她，岂不是白爱了吗？

怎样让孩子感受到爱呢？父母不能单纯关注自己的感受而忽略孩子的感受，要随时体察孩子的喜怒哀乐，并加以疏导，让自己的心情跟孩子的心情相融，同苦同乐。这样，孩子才能感觉到：爸爸妈妈爱我，我在爸爸妈妈心中占据着重要的位置。

再次，让孩子接受爱。

一个孩子在场地上踢球玩，不小心把邻居家的玻璃窗打碎了，吓得跑掉了。邻居将这事告诉了孩子的妈妈。妈妈赶紧道歉，表示要赔偿，并且马上打电话到物业，请物业派人来给邻居家安装玻璃。处理完这事，她心气难平，说："这孩子太调皮了，我得教育教育他！"

孩子做了错事，吓得躲在家里不敢出来。妈妈回到家里，就教育他应该注意自己的行为，不要影响别人，更不能损坏别人的东西……

听妈妈唠叨了半天，孩子终于火了，气道："我偏要！"他冲出去，捡起一块石头，将那个邻居家新装的玻璃又砸碎了。

妈妈教孩子正确的道理，是爱孩子的一种方式，只因方式不当，孩子不接受，反倒产生了相反的效果。

其实，孩子犯了错，正是一个很好的教育机会。这位妈妈首先应该找到孩子，问清具体情况，不要批评和指责，因为孩子已经吓得躲起来了，说明他知道自己错了，何必再多一成"惊吓"呢？不妨将孩子带到邻居家，当着孩子的面处理这件事。这样，孩子可以亲眼看到自己的行为产生的后果和应负的责任，自然可以学到很多，比听妈妈的唠叨有意义多了！

最后，多抱抱孩子。

美国著名的心理学家赫洛德·傅斯博士说："拥抱可以消除沮丧，能使体内免疫系统的效能上升；拥抱能为倦怠的躯体注入新能量，使你变得更年轻，更有活力。在家庭中，每天的拥抱能加强成员之间的关系，并且大大减少摩擦。"

身体的接触，如触摸、拥抱和亲吻，会让孩子更有安全感和温暖感。经常被触摸、拥抱和亲吻的孩子，心理要比缺乏身体接触的孩子健康得多。这正是我们中国父母的一个弱项，随着孩子渐渐长大，身体的亲密接触越来越少，到10岁左右，几乎就没有了。

所以，妈妈不妨多抱抱孩子，多抚摸孩子，孩子自然能感受到这种无声的爱。

❋ 忌用"威胁"的方式教育孩子

许多父母在教导孩子时，都成了"威胁"专家。尤其是妈妈，她们往往不是展现适当的威信，而是利用"威胁"和"恐吓"的手段，使孩子感到害怕或让孩子产生罪恶感，以迫使他们乖乖听话，殊不知这种方法会给孩子带来另一种伤害。

1. 威胁，会让孩子缺乏安全感

有一天，冰冰的妈妈带她逛街。

在一个玩具摊前，遇到了一对正闹别扭的母子。小男孩哭着闹着要买玩具枪，年轻妈妈则以"家里很多玩具枪"为由拒绝了小男孩的要求。小男孩哭闹不休，年轻妈妈来了脾气，生气地说："你这么不听话，我不要你了。"

说完，竟然转身走了。

……

回去的路上，冰冰沉默了很多。妈妈察觉到她的异样，便问道："冰冰，今天玩得不开心吗？妈妈觉得你心情有些不好。"

冰冰抬头回答道："妈妈，如果我不听话，你是不是也会像刚才那个阿姨一样，丢下我就走了？"

妈妈这才恍然大悟。原来，刚才的那一幕给冰冰带来了巨大的冲击，心中产生了不安全感。她害怕自己如果不听话，会被父母遗弃。

听后，妈妈对冰冰及时地开导，消除了她内心的不安全感。

如果威胁的话只是纯粹做警告之用，也许会收到某种效果。孩子的确会因为害怕而向妈妈求救，妈妈的心理也因此得到满足。

然而，对孩子来说，这样做只有伤害却毫无益处，因为威胁只会让孩子缺乏安全感，导致孩子以妥协或消极反抗的方式来回应父母。

2. 容易造成孩子心理疾病

有些家长在教育孩子时往往会采取威胁的方式。比如，晚上孩子一直不肯睡觉，有些妈妈便说"你再不睡觉，大灰狼就来捉你了。"威胁的后果就是孩子经常做噩梦，哭闹着不肯入睡等。

更为重要的是，孩子正处于身心发展迅速的阶段，经常的威胁会引起孩子精神的高度紧张，诱发心理疾病。

3. 经常威胁孩子，会让孩子很自卑

有些妈妈在教育孩子的时候，经常使用一些贬低性的语言刺激孩子的内心，这很容易会让孩子产生自卑心理。比如"你这么淘气，我不爱你了""你再不听话，妈妈就只疼弟弟了""你还不如隔壁的 XX 有出息"等，在这些语言的刺激下，会让孩子变得越来越自卑，做事也会缩手缩脚，害怕自己做不好被妈妈嫌弃。

由此可见，"威胁式"教育对孩子有百害而无一利。与其不断地威胁孩子，倒不如耐心了解孩子的成长规律，了解孩子的内心活动，用爱激发孩子的上进心，做一个聪明、睿智的妈妈。

✳ 理性处理亲子冲突

为了确保孩子健康、安全地成长，妈妈必须约束孩子的行为，限制他们碰触危险物品、从事危险的游戏或活动，要求他们收拾玩具、整理床铺、用心做功课……但是，没有孩子喜欢被约束，即使他们了解妈妈的约束与要求是为了他们好！

孩子不可能永远认同妈妈的看法，相对地，妈妈也是如此。在这种立场有差异的情况下，亲子之间发生冲突原本就是正常现象。只是，面对亲子冲突时，妈妈常常会忘记要保持冷静，总是愤怒地对孩子大声吼叫，这种过于情绪化的反应或试图控制孩子的行为，只会加剧亲子关系的恶化。

1. 了解孩子抗拒的原因

成人在日常生活中碰到问题和争端时，会用理性的态度来处理，至少我们认为是如此。而孩子就不一样了，他们通常会以情绪性的行为回应冲突。他们可能表现出来的行为包括：顽固的态度、抗拒一切理智、对情况过度反应等。妈妈往往对这种情绪化的态度感到困惑，不能理解孩子为什么就是无法尊重妈妈的需求，体会她的心意。

有时候，孩子和你争吵，倒不是对规定有多么不满，只是心情不好罢了。人都有失落的时候，孩子也一样，而且你再怎么讨他开心也没用。当孩子处在沮丧和失望的状态中，很容易愤怒，从而引发冲突。这时妈妈不必在乎冲突是如何发生的，而是应思考：孩子为何会有这样的回应和行为？

2.理解孩子的行为，并适当加以引导

孩子明明知道功课一定得做，晚饭后要读书，但为什么时间到了，他还在那儿耍赖拖延？妈妈的结论可能是，"他是故意惹我生气"或"他喜欢跟我强辩"。

如果妈妈能够理解，当孩子如此无理取闹时，他只是表现出他不成熟、情绪化的孩子本色，或许你就不会对孩子的行为过度反应了，也能适当地加以引导。如果你过于严肃地看待这些事情，就很容易带着情绪去解读孩子的行为，认为他故意针对你，这会使得你过度反应。如此，对解决事情是毫无帮助的。

3.把"输赢"放一边，才能真正解决亲子冲突

真正具有权力的人，不是那个吼得最大声的人，而是那个说话最有分量的人。显然，这个有权力的人应该由妈妈来扮演。解决亲子冲突最关键的一点在于，一开始就要避免争执，而不是一开始就想辩赢对方。因为不论输赢，都会有不服气，都会损害亲子关系。在面对亲子冲突时，妈妈的最佳策略是，把"输赢"放一边，说明你的立场后就离开，让孩子有时间与空间冷静思考。

观察力敏锐的妈妈应该能看出孩子情绪失控的原因，当发现孩子变得具有侵略性、伤害性或破坏力时，就应该向专家求助。如果情绪失控的是妈妈，会对孩子做出语言和肢体攻击的行为时，更应该寻求专业人士的帮助。

❋ 和孩子说话时，"爱"要说出口

妈妈爱孩子，这是一种本能。对孩子，不但要爱，还要会爱。爱不是默默付出就够了，"爱"要说出口，让孩子直观地感受到你喜欢他、信任他、赏识他，这样才能够让孩子体会到你的爱，并在爱中走向更加美好的未来。

小帅上六年级的时候，妈妈离开他到外地做生意去了，把小帅留在了老家。每个月，她会给小帅寄来一大笔生活费，结果去了不到 4 个月，孩子的学习成绩就直线下降，性格也变得沉默寡言，每天都心事重重。

后来，小帅好不容易考上了一所普通高中，却没有心思好好学习，整天和一群狐朋狗友混在一起，没过多久，便受到了学校勒令退学的处分。这个时候，他的妈妈才意识到事态严重，慌了手脚，急忙放下手头的生意，回到老家。

面对现实，她束手无策。于是她向一位教育专家征询意见。

教育专家告诉她说："你现在唯一的办法就是让孩子感受到你的关爱，用爱鼓励他振作起来，并帮助他找到学习的乐趣。因为在他最需要你的关爱的时候，你没有及时给予，现在他已经长大了，有了自己的想法，要想改变他，必须用父母的关爱来浇灌他荒芜的心灵。"

小帅妈妈疑惑地说："我很爱他啊，每个月我都会给他足够的生活费，他要什么我就会给他什么。"

"爱，并不是孩子想要什么就给他什么，也不是一味地满足他的物质需要，而是给孩子一种精神上的温暖和鼓励，让他明白父母的良苦用心……"

后来，小帅妈妈在教育专家的指导下，帮助小帅解决学习、生活中遇到的问题，并给予小帅精神上的支持和鼓励。结果小帅的成绩很快就提高了，人也变得开朗了很多。

小帅的母亲是理智的，她没有一味地去责问孩子，而是听从了专家的建议，认识到了自己的错误，并以正确的做法给予了小帅体谅和关爱，这才是对孩子有益的爱。但在现实生活中，很多父母并没有这样的耐心，大多数父母如果遇见小帅这种情况，往往会对孩子的这种行为作出批评，甚至会责骂自己的孩子笨，不争气。结果，孩子会在不被理解中变得不安、不耐烦甚至厌学。那么，孩子的学业将很难提升。

如果问一个为人父母者："你爱自己的孩子吗？"相信每一个父母都会毫不犹豫地回答："当然爱啊！"但是如果继续问："你懂得如何爱孩子吗？"或许父母就会考虑一番了。确实，爱孩子要"爱之有道"。教育专家卢勤就如何爱孩子提出了以下八点建议：

1. 用爱的目光注视孩子

用赏识的神情告诉孩子："太好了！你让我骄傲！"

2. 用爱的微笑面对孩子

微笑传递给孩子的是："我爱你，孩子！"

3. 用爱的语言鼓励孩子

妈妈常对孩子说："孩子，你真棒！"孩子会自豪地回答："妈妈，我能行！"

4. 用爱的渴望调动孩子

让孩子在朝思暮想中获得爱，使他们明白：幸福不会从天降，你要寻找快乐吗？自己去努力！

5. 用爱的细节感染孩子

细节最能使人心动，要让孩子从生活的小细节中学会发现爱，感受爱。

6. 用爱的管教约束孩子

让他们从小懂得：每个人都要对自己的行为负责，要走好人生的每一步。

7. 用爱的胸怀包容孩子

孩子在生活中遇到挫折，让他们有重新开始的机会。

8. 把爱的机会还给孩子

让他们体验到：索取可以使人满足，但付出才是真正的快乐。

❋❋ 温和的话语似春风，吹开孩子的心房

孩子为什么不愿意跟我交谈？为什么我和孩子的沟通多半以失败告终？为什么我和孩子之间难有那种温情的话语？相信生活中有不少父母都有这样的疑问和感慨。其实不管每个家庭的具体情况如何，沟通不畅多半都是由一个相同的原因造成的，那就是父母没有较多地顾及孩子的感受，而总是站在自己的角度发言，使得说出来的话让孩子感觉如刺耳的针，而不是温柔的春风，因此不愿和父母有过多的交谈。

很多父母为自己和孩子的沟通出现问题而苦恼不已，向人倾诉时也总是觉得自己很委屈：我费尽心力养大孩子，现在他却不愿跟我说话……其实，父母有没有想过，是不是自己对孩子的说话态度有问题，才逐渐让孩子对自己"敬而远之"呢？

先来看一个真实的例子：

孩子背着书包回家，刚进屋，妈妈就横眉怒目，问道："你今天上课的时候是不是和同学说话了？妈妈不是说过，不能在课上随便说话吗？要不

是我今天给老师打电话，我都不知道你竟然有这个坏习惯。"孩子看见妈妈的样子，张了张嘴，又把话咽了回去。其实，他是想告诉妈妈："我只是向同学借了一把尺子，我的尺子坏了。"可是，就是因为妈妈这样的态度，这个孩子在整个学期里，宁愿每天借同学的，也不愿意跟妈妈说明真相。

以一种大声质问的语气和孩子说话，孩子当然不愿意有所回应。心理学上有一个"低声效应"，说的是，与雄辩型、演说型的谈话方式相比，沉稳、温和的谈话方式更容易让对方接受。相信这个道理很多父母都懂，但在实际生活中，有太多的父母忘记了这一原则，总是喜欢用"高分贝"来训斥孩子，好像自己的声音越大、气势越逼人，就越能说服孩子。试想，假如我们遇到这样一个人，愿意和他继续沟通、并且做无话不谈的朋友吗？在家庭教育中也是同样的道理，随时谨记"低声效应"，记住不管谈论什么事情，较低的声音往往都比高声音效果要好。中国有句话叫作"有理不在声高"，同样适用于与孩子的沟通。

父母施行"语言暴力"，也是破坏亲子沟通的一大杀手。什么是语言暴力呢？一是攀比。不少父母对孩子期望过高，但又着急孩子一时无法做到最好，于是就从语言上"旁敲侧击"，不是说"谁谁家的孩子数学比你好那么多"，就是说"谁谁都当班干部了"。这样的语言在父母看来是激励，而孩子听起来却是沉重的打击。二是故意夸大其词。比如孩子犯了一个小错误，父母为了让孩子意识到自己行为有偏差，就故意将后果说得很严重。其实，这只会让孩子产生恐惧心理，继而为避免惩罚而养成

撒谎、隐瞒等坏习惯。

经常使用"语言暴力"的父母，虽然自我感觉没什么恶劣后果，却可能让孩子心里十分不舒服。这就是"说者无心，听者有意"。这一现象，在心理学上被称为"瀑布心理效应"。也就是说，即使信息的发出者心里比较平静，但传递的信息被对方接收后，会使得对方内心极度不平静，从而导致接收者态度行为的变化。这种心理现象，就像大自然中的瀑布一样，上面平平静静，下面却已激起了千层浪。

一天，妈妈做好了饭，放学的时间已经到了，但女儿还没有回来。这时，妈妈先是责怪说："这孩子，肯定又贪玩了。"一会儿，妈妈语调高了起来，明显带有愤怒的情绪："这都什么时候了，还不见人影！饭菜都凉了！这孩子真不懂事！"又等了一会儿，女儿还是没回来。夫妻俩越想越害怕，该不会出什么事了吧？都这么晚了能去哪里？两人正要出去找，女儿开门回来了。妈妈上前就是劈头盖脸一顿骂："你这个死孩子！你跑哪儿去了？我们差点儿一家一家给你同学打电话了！你还知道回家啊！"女儿几次张口想解释，都被妈妈给堵了回去。女儿再想说，已经被妈妈一把推到了屋里："今晚别吃饭了！好好在房间里反思吧！"

妈妈的本意是关心，看到孩子时也是放心，但却用责骂和推搡来表达自己的感情。女儿呢？从父母那里得到的只有斥骂和责怪，原本想沟通的心思也没有了。父母这种拙劣的爱的表达，不仅打破了原本可以顺畅沟通的局面，想必还深深伤了女儿的心——很多研究都已经证明：父母苛求、缺乏温柔的养育方式与过分保护、干涉一样，都有损子女健康成长。

妈妈要想和孩子保持良好的沟通，必须牢记上面所说的"低声效应"，也必须杜绝"语言暴力"。妈妈和孩子说话，要时刻保持温和、耐心的态度，这样才能做到对孩子的尊重。比如，孩子回到家，先用愉快的语调和孩子打招呼；观察孩子的心情，确定孩子有时间、有心情聊天；在和孩子沟通之前先征求他的意见，问他此时是否愿意和自己交谈；和孩子说话要尽量用温柔的语调，即使是探讨孩子的错误和严重的事情也是如此；尽可能地找孩子感兴趣的话题聊。

每个人都希望被别人温和地对待，孩子也不例外。并且，对于心灵相对脆弱一些的孩子来说，对别人和自己谈话的态度会要求更高一些。父母要用心体会孩子的感受，尽量用温和的话语来和孩子沟通。

❋❋ 孩子帮助自己时，别忽略了说"谢谢"

妈妈或许会想，自己为孩子付出了那么多，孩子偶尔的一次帮忙，用得着对他说"谢谢"吗？其实，如果妈妈希望孩子在以后与人交往中能够懂得礼貌，就应该在孩子帮助了自己之后，向孩子表示感谢。表示感谢的方式有许多，比如通过语言、行动、眼神、微笑等，还有其他的方式。但是不管哪种方式，目的只有一个，就是让孩子明白感谢的含义和懂得最起码的礼节。

不过，在妈妈对孩子表示感谢的时候，也有需要注意的地方，比如表示"谢谢"不宜过滥，否则便会变成例行公事。在对孩子表示感谢的时候，一定要表现出真诚的态度，千万不要敷衍了事。

语言是我们最常用的感谢形式，妈妈可以通过自己的语言来表示对孩子的感谢。例如，妈妈让孩子帮自己去商店购买油盐酱醋，当孩子买回来的时候，妈妈可以对孩子说："宝贝真乖，谢谢宝贝帮妈妈这么大的一个忙，否则今晚全家就吃不到可口的菜了！"这样的感谢语言会让孩子感到自己所作所为是有价值的，同时也会有小小的成就感，能够增强孩子的自信心。

母亲节刚刚过去，许多母亲都还沉浸在收到孩子送的礼物的喜悦中。有的孩子送了妈妈鲜花，有的妈妈收到了孩子祝福的贺卡，妈妈们感到很幸福。

一位母亲说道："母亲节那天，儿子想要用零花钱为我买朵花，我没让孩子去买，我觉得孩子能有这份心意就行了，我就已经很知足了。"

另一个母亲说道："儿子为我做了一张贺卡，说祝福我'母亲节快乐'，并对我说谢谢我把他带到这个世上来。当时，听了孩子的话我很高兴，我的孩子真的懂事了。"

第三位母亲说道："当我晚上下班回到家的时候，没想到儿子早就在门口等候我了。见我回来了，他从背后拿出一枝康乃馨，说祝福我节日快乐。接着，又把我领到了他的房间，拿出了他用自己零花钱给我买的胸针。我当时真的感动极了，感觉自己很幸福，到现在为止我一直都带着孩子送我的胸针。"

又一位母亲说道："母亲节那天，我很忙也很累，晚上下班回到家简直一点儿也不想动了，我甚至忘记了那天是母亲节。我的女儿却为我送上了一份母亲节的特别礼物——为我做了一顿晚饭。晚饭虽然很简单，菜炒得也有些咸了，但我还是吃得津津有味，感觉这是世界上最好吃的一顿饭。吃完饭后，女儿还给我倒了一盆洗脚水。那一刻，我感到女儿长大了，也懂事了。"

通过上面四位母亲的讲述，我们看到，有的孩子送给妈妈一枝康乃馨、一句祝福语，有的是一张贺卡、一枚胸针、一顿晚饭。孩子为妈妈做的一点小事都会让妈妈感觉到幸福。同样，对于孩子为我们做的一切，作为妈妈也要表达自己的谢意，这也是对孩子的安慰和尊重。千万不要做羞于表达的妈妈，对孩子说声"谢谢"并没有想象中那么难。

那么在生活中，妈妈在对孩子表达谢意时，应该注意些什么呢?

1. 要大胆表达自己对孩子的谢意

在生活中，孩子也能帮助妈妈做一些力所能及的事情，比如帮妈妈去买袋洗衣粉、关灯、洗菜、摆放碗筷等。这样的细节经常会发生，妈妈可能经常会对孩子说："宝贝，帮妈妈把……"孩子也会按照妈妈的要求去完成，虽然是一些小事情，但是妈妈也应该对孩子表达自己的谢意。而有的妈妈不善于表达自己的情感，可能觉得对孩子说"谢谢"有点儿不习惯。

妈妈千万不要顾虑太多，主动地对孩子表达自己的谢意，这样能够让孩子感觉到快乐，并且妈妈的谢谢也会成为一种鼓励的话语，在以后的生活中，孩子甚至会主动地去帮妈妈做事情。

2. 表示感谢的时候一定要真诚

有的妈妈会对孩子表示感谢，却总是在说话的时候心不在焉或者是不正视孩子的眼神，让孩子根本感觉不到妈妈的真诚，甚至会让孩子觉得妈妈是在敷衍自己。妈妈千万不要敷衍孩子，要郑重地表示对孩子的感激，这能够增强孩子的自信心，同时也能够满足孩子的成就感。

3. 表达谢谢的时候要让孩子情愿去接受

很多时候，妈妈总是命令孩子做这件事情或者做那件事情，很多事情是孩子不愿意去做的，但是迫于妈妈的要求，他只能去做，而这种情况下，即便是妈妈对孩子说谢谢，孩子也不会领情，内心也不会感到开心的。所以说，在妈妈决定让孩子做某件事情之前，最好能够让孩子心甘情愿地去做，这样不仅能够让孩子感到开心，更能让孩子觉得自己的行为是有价值的。

第 2 章

好妈妈不吼不叫，
聆听孩子的心声

聪明的妈妈与其做一个高明的说者，不如做一个高明的听者。倾听，是一门艺术、一门学问。只有专心地倾听孩子的讲话，才能平等地对待孩子，而妈妈与孩子之间的平等交谈，能让妈妈理解孩子的心声，让孩子充满自信。

✻ 耐心倾听，了解孩子的真实想法

　　很多父母经常抱怨孩子不听话，怪孩子没有规矩、不懂事、难教育，但往往忽视了一个问题，就是反省自己：作为家长，自己是不是会倾听？能不能静静地听孩子说话？

　　当孩子对妈妈说话的时候，有些妈妈总是不认真听，孩子还没说两句，妈妈就说："去去去，我没时间，没看见我正忙吗？有时间再说吧。"原本孩子想和妈妈说些什么，但是妈妈不给孩子机会或是一推再推，慢慢地，孩子有话也不愿意跟妈妈说了，他们宁愿把心事装在心里或是跟同学讲。

　　有人说："听话的孩子多半有个会'听话'的妈妈。"这就是说，想要孩子听话，妈妈首先要做到会"听话"，这不但指妈妈应该有"听话"的愿望和意识，还指妈妈要掌握"听话"的方式，做到会听孩子的话。很多时候，孩子都希望将自己的所想所感告诉妈妈，只是有些妈妈在不经意间关闭了这扇门。

　　农历腊月二十几，全家人忙着打扫卫生、置办年货，迎接新年的到来。7岁的女儿兴冲冲地问了一句："爸爸，临死之人的感觉是不是很准？"爸爸很恼火，心里怪孩子说出这种不吉利的话，就没有理睬女儿。

　　没想到女儿又去问了妈妈相同的问题。妈妈听了这句话，更是板起脸来，女儿依然没有找到答案。

　　女儿又去问保姆，保姆一听马上摆手："不要瞎说，快过年了，这样的话不吉利。"女儿似懂非懂，不再纠缠。

大家以为这件事情到此为止，没想到正月回老家拜年，碰到爷爷奶奶，女儿竟然又提了这件事。老人听了眼珠子都瞪出来了。爸爸见状，踢了女儿两脚。妈妈心里很有疑问，为什么女儿对这个问题苦苦纠缠呢？

　　后来，女儿告诉妈妈，她在报纸上看到了一篇文章，里面讲一个外国人买彩票从未中过奖，没想到在他临死之前买中了，而且中的是 500 万美元。女儿就此认为，人临死前的感觉是最灵验的，所以才想要向大人们确认。

　　家长喜欢根据自己的经验和标准去判断孩子的言行，这常常会误解孩子，结果不但不能平息事情，反而会使影响逐步扩大。这就是因为妈妈不会"听话"，实际上是因为没有听完孩子的话。所以，当孩子向妈妈表达他的想法时，妈妈要耐心听孩子讲完，不要只听一部分，就随意加以判断和假设，这样是难以了解孩子的真实想法的。

　　孩子虽小，但是也有话语权。当孩子在表达自己的想法时，妈妈有必要用心去倾听。只有弄清楚孩子的真实意图，才能给孩子有效的指导。而且妈妈在表达自己的建议时，态度一定要诚恳，语气要平和，言语要清晰。

　　如果妈妈不愿意听孩子说话，就给了孩子一个暗示——"妈妈根本不想听我说话，我又何必跟她说呢"。因此孩子就关闭了心门，使妈妈了解不到孩子的真实情况，更谈不上有针对性地帮孩子、教育孩子。所以，了解孩子很重要的一点在于：做一个会"听话"的妈妈，愿意倾听孩子的心声，学会倾听孩子的心声，这样才能避免妈妈和孩子因为沟通不畅而产生隔阂与代沟。

❋ 放低姿态，让孩子大胆诉说

其实，每个孩子都有希望家长关注和倾听自己说话的渴求。作为妈妈，对于孩子的这种渴求当然也应当尽力去满足，并且在倾听孩子说话的同时，放低自己的姿态，不做指导者。给予孩子平等和尊重，这样更能使孩子感受到你是在乎和关心爱护他的，这不仅可以让孩子大胆说出自己的想法，而且对于发展孩子的语言能力来说也是至关重要的。

"知心姐姐"卢勤在她的《好父母，好孩子》一书中就给我们讲过这样一个故事。

孩子每次放学回家，总是欢喜地给我讲他今天在幼儿园的事，完全不顾我有没有在忙，想不想听。孩子需要一个忠实的听众，妈妈是最合适的人选。

遗憾的是，开始我并没有注意到孩子的这个需求。所以每次孩子和我说话，我都会以"我很忙"为由，限定他和我交流的时间。

没想到，由于我的疏忽给孩子的语言造成了障碍。孩子思维很快，为了在有限的时间将"故事"讲完，就说得很快，渐渐地就变得结结巴巴了。

之后，我很快意识到了自己的错误，并注意改变自己，尽量抽出时间，倾听孩子讲话。

可见，学着倾听孩子说话，对孩子语言能力的发展是有重要影响的。
在现实生活中，当遇到孩子不听话的时候，大多数家长都只会摇头、吐苦水：孩子内心究竟是怎么想的？他怎么什么都不肯告诉我？然后抱怨孩子不懂事。

实际上，要想打开孩子的心门，探究他的内心世界，妈妈能做的就是放下自己的姿态来倾听。

倾听孩子的诉说，让孩子体会到关爱和温馨，这才能使孩子放心大胆地与妈妈沟通交流。这也有助于妈妈了解孩子的内心想法，有利于亲子关系的良好建立。

妈妈们要想纠正孩子的不听话行为，就需要放低姿态，走进孩子的内心。

晨晨今年 9 岁，是一名小学三年级的学生，上课老是调皮捣蛋，老师和同学们都很头疼。晨晨的父母更是头疼。他们对晨晨总是各种训导，可是晨晨依旧是我行我素。

有一天，晨晨的妈妈在收拾晨晨书桌的时候，发现了他夹在书里的纸条，纸条上写着：爸爸妈妈从来都不听我说话，不了解我心里想什么，不关心我。晨晨妈妈突然意识到，孩子调皮捣蛋可能只是想引起父母的注意和关心。

于是，等晨晨放学后，妈妈专门找他谈话。

"晨晨，来跟妈妈聊会儿天，好吗？"

"你又要训斥我了吗？"

"不是，这次，你说，我听。"

"真的？"

"真的。"

"可是，说什么呢？"

"那就说说你为什么在学校里调皮捣蛋的事情吧，还有为什么会这么做呢？"

晨晨便很认真地对妈妈说起了自己在学校里如何调皮捣蛋，还有为什么要如此。

妈妈便问晨晨："如果我们以后都能认真地听你说话、关心你，你是不是就不再调皮捣蛋了？"

晨晨点了点头。

每个不听话的孩子心里都有一个声音，只要做妈妈的放低姿态就一定能听得见。此外，对于建立和谐的亲子关系而言，放低姿态来倾听孩子说话也是必不可少的。没有人喜欢跟一个高高在上的人整天讲自己的心事，孩子也是如此。

✻ 换位思考，不要一味地苛责孩子

在家庭教育当中，很多家长都认为培养孩子的独立性是一件很重要的事情。可是独立的第一步从哪里开始呢？那就是妈妈应该允许孩子有自己的观点和看法，并且鼓励孩子说出来，甚至当孩子的观点和自己的想法有冲突的时候，学会换位思考。站在孩子的角度看问题，冲突或许就会迎刃而解。

当一个人对很多事情开始有了自己的想法时，就说明他开始慢慢地独立思考。因此不要阻止孩子说话，要知道在当今社会，培养一个会说话的孩子比培养一个会听话的孩子更重要。当一个孩子说出自己想法的时候，实际上也是其思考和加深对周围事物理解的过程；如果一个孩子能与家长争辩，那么就意味着他的自我意识不断增强和心智日益成熟。

没有一个孩子的思想是在一夜之间变成熟的，他们需要一个成长和提高的过程。在这个过程中，他们很渴望说出自己的想法，有时候也难免会和家长发生争论，这就要求妈妈摆好自己的心态，不要为了维护自己所谓的"权威"而一味地责备孩子，不顾及孩子的感受。

君君今年刚上初一，他是一个活泼好动的男孩，课余时间特别喜欢体育运动，尤其是踢足球，但是他的妈妈认为孩子踢球会耽误学习。

这一天，君君和几个伙伴踢球玩，回家稍微有些晚了，他害怕挨骂，赶快和伙伴们一起往家走。

果不其然，他刚走到路口，就看到妈妈已经在楼下等着了。妈妈看到他的第一句话就是："成绩不怎么行，玩起来倒是很有劲儿，我看你将来怎么考大学。"

妈妈的话让君君觉得很没有面子，他争辩道："我今天的作业都完成了。我很久没有痛快踢球了，今天破例晚一点儿，你也不用这么生气吧。"

"今天破例，明天破例，以后就不用学习了。我生气还不是为你好。你还敢在外人面前跟我顶嘴，翅膀硬了是不是？都不知道你以后想怎样。"

"妈妈，你根本就不知道我在想什么！"

就这样，君君和伙伴们闷闷不乐地各自回家，完全没有了先前的愉快气氛。

孩子有自己喜欢的娱乐活动，这本来是再正常不过的事情，而家长却认为这是不务正业，不由分说地对孩子大加责备。

其实，故事中的君君已经向妈妈表示自己是以学业为重，是在做好作业之后才去踢球的，但是妈妈因为反感孩子"顶嘴"的行为，完全不听孩子的解释就断定他是在动摇自己的家长权威，因此引发了母子之间的矛盾。

在鼓励孩子说出自己内心的想法时，最忌讳的就是拿家长的权威去压孩子。有些时候，孩子可能会迫于家长的权威，说出一些违心的话，甚至不惜撒谎。

总之，妈妈在教育孩子的过程中，不要一味苛责孩子的错误，而是要换位思考，倾听孩子的内心想法，站在孩子的角度分析问题，才能让教育起到积极的作用。

⁂ 耐心地听孩子把话说完

每个孩子都有自己的心声，但未必能像大人期待的那样表达清晰，作为妈妈一定要耐心倾听，这样才能真正了解孩子的想法和感受。

当孩子在说话时，要用眼睛看着他，表现出你有兴趣听。当你在忙碌时，要和孩子说明，并约定好可以交流的时间。如果在某一重要原则上表示不同意孩子的某一看法时，应告诉孩子理由。但是在提出反对意见时不要过于武断，应等孩子说完他要说的话后再评断。即使孩子说得不对，也要控制住火气，不妄下定论。

一位妈妈带着儿子去公园散步，妈妈蹲下来问儿子："假如妈妈口渴了，周围又找不到可以喝的水，而你的小书包里恰巧有两个苹果，你会怎么做呢？"

儿子仰起头，噘着小嘴儿说："我会把每个苹果都咬一口。"

虽然儿子年纪小，但是妈妈对孩子的回答多少还是有些失望。她本想好好教训一番，但是转念一想，她改变了主意。

妈妈满脸笑容，握住孩子的手说："为什么呢？"

儿子笑盈盈地说："因为我要把最甜的那个留给妈妈呀！"

那一刻，妈妈的心里欣慰极了，她既为孩子的懂事自豪，也为自己耐心地听孩子把话说完感到庆幸。

妈妈耐心地倾听孩子的诉说，不仅有助于了解孩子真实的想法，也能够让孩子把更大的兴趣投入到谈话中去。相反，如果家长没有耐心倾听孩子的诉说，孩子对谈话的兴趣就很容易降低了。

欣欣 5 岁了，是一个活泼可爱、讨人喜欢的姑娘。

这个暑假，欣欣跟着爸爸去了乡下的奶奶家里，看到了很多让她觉得吃惊不已的事情。刚回到家里，她就跑到妈妈的房间。她很想把这些事情告诉妈妈。

"妈妈，我跟你说，我看见萤火虫了，一闪一闪的，很漂亮的。"欣欣一边说一边还挥动着手臂做了一个飞翔的姿势。

"哦。"妈妈边整理衣柜边回答。

"妈妈，我还看见了核桃树、苹果树、桃树和其他很多树。"欣欣看妈妈头也没有回，兴趣就开始降低了。

"哦。"妈妈还是继续整理房间。

欣欣站着，看了妈妈好久，转身泪眼汪汪地从妈妈的房间走了出来。

父母不只是在孩子有话说的时候要耐心倾听，在孩子有问题要问的时候更应该耐心。

妈妈带着女儿去动物园里玩，女儿很兴奋。一个劲儿地问妈妈各种各样的问题。

"妈妈，妈妈，鸟儿怎么能在天上飞，老虎怎么就飞不起呢？"

"因为鸟儿有翅膀，老虎没有呀！"

"妈妈，妈妈，狮子是从哪里来的呀？"

"从大草原上来的。"

"妈妈，妈妈，大象的鼻子怎么那么长呀？"

"好了，你这孩子怎么这么多乱七八糟的问题，别问了。再问下次就不带你来动物园了。"

女儿立马闭上了嘴巴，不敢再问了。

我们都知道，孩子对世界充满好奇，他们的脑子里经常有各种问题。大多数父母在孩子问第一个问题的时候还是有耐心的，如果孩子连问三个问题，一些父母往往就会不耐烦了，粗暴地打断孩子，不让孩子再问了。这种做法其实极大地伤害了孩子的好奇心。

当妈妈在和孩子交谈时，要注意避免以下问题：一边忙自己的事情，一边听孩子说话；随意打断孩子说话；随意打断孩子的提问。这些行为都会让亲子沟通大打折扣。

静下心来，耐心地听孩子把话说完，走进孩子的世界，回答孩子的问题，这样才能创造更多与孩子交流的机会，才能真正地做到教育好孩子。否则，所谓的"教育"只能称为抚养。

✳ 不打断孩子说话，给孩子表达的机会

经常打断孩子的话，不利于孩子提高表达能力，久而久之，孩子就会产生自卑心理。对孩子来说，对家长诉说内心感受是他提高表达与交往能力的好机会。如果打断孩子，就等于剥夺了孩子的这一机会，孩子就容易与他人产生沟通障碍，当然与家长的沟通也不会顺畅，对孩子的成长也非常不利。对于这一点，妈妈一定要注意。

于涛的妈妈是一个爱唠叨的人，有什么表现不合她的意，就会说个不

停。可是她很少停下来听听孩子的意见和说法，在孩子向她倾诉的时候总喜欢打断孩子的话。

有一次，学校举办校运会，于涛参加的是长跑。在这项比赛中，他跑出了全校第一名的好成绩。晚上，他拿着奖状和奖品兴高采烈地回到家，忍不住想跟妈妈分享一下自己的喜悦。

"妈妈，我们学校今天举行了校运会，我参加了长跑。参加长跑的很多人都是高年级的，水平都很高。"于涛说得津津有味。

此时妈妈正忙着打扫屋子，似乎没听清楚，就说了句："嗯，快去写作业吧。"

"可是，我今天还是跑了第一名，在前两圈的时候，我前面还有好几个人呢，我以为自己要跑倒数了，谁知却后来居上……"没等于涛说完，妈妈就打断他说："你这孩子，叫你去写作业，你没听到啊！整天就知道不务正业。跑步好有什么用？重点大学能因此就要你了？"听完妈妈的话，于涛觉得很没意思，悻悻地走了。

在成人间的交际中，我们知道随意打断别人的话是不礼貌的行为，而在与儿童的沟通中，却容易忽略这一准则。结果，有不少家长就像于涛的妈妈一样，根本就没有耐心听完孩子的诉说，随意打断孩子的话，令孩子失去了倾诉的欲望，不愿意多跟父母交流自己的想法、分享自己成长的经历，影响了和谐亲子关系的建立。其实，和孩子建立良好的亲子关系并不难，不随意打断孩子的说话，就是一个简单而实用的方法。

如果妈妈总是随意打断孩子的话，就会造成诸多消极的影响：一是会让孩子觉得自己得不到父母的尊重，长此以往，他们就会习惯于把话藏在心里，不肯对父母说；二是会让孩子觉得自己和父母的地位是不平等的，自己的说话权得不到重视，时间长了，孩子就会与父母产生对抗情绪，以致双方相互不信任，沟通困难；三是可能会影响孩子语言表达能力的提高和性格的发展，一些孩子可能会因此而变得自卑、内向、沉默寡言。

琪琪是家里的独生女，性格像个男孩子，大大咧咧、外向活泼。同学们给她起了一个外号叫"琪哥哥"，她自己对于这个外号也欣然接受。

在学校，琪琪懂事听话，老师经常夸奖她。但琪琪的妈妈却总觉得女孩子必须要做淑女，这样才能有气质、有未来，因此她打算改变琪琪的这种性格。

以前，琪琪回来的第一件事情就是对妈妈讲一讲她今天又做了什么让同学们吃惊的事情。有一天，琪琪依旧兴高采烈地回到了家中，看到妈妈坐在客厅里看电视。

"妈妈，我告诉你一件事情。"琪琪边说边走向妈妈。结果琪琪还没有走到妈妈跟前，妈妈突然站了起来。

"琪琪，我希望你以后每天回到家里都能安静点，不要喋喋不休。"

"你先不要打断我，听我说完，再听你说嘛。"琪琪委屈地嘟着嘴说道。

"你总是说些没用的，有那时间不如好好学习，争取考个好成绩。"

"你这是干吗呀？为什么不让我说话呀？"琪琪突然大声哭了起来，可是妈妈依旧不为所动。

后来琪琪果真如妈妈希望的那样安静了下来，再也不跟妈妈说自己的事情了。

有调查显示，70%～80%的儿童心理问题和家庭环境有关，特别是与父母对孩子的教养和交流沟通方式不当有关。为了帮助孩子健康成长，妈妈不仅需要平时多与孩子沟通和交流，更应该在双方对话的时候多点耐心倾听，少打断孩子说话。

孩子虽然小，但是他们也有自己独立的人格，有表达内心感受、阐述自己看法的自由。让孩子把话说完，是对孩子人格的一种尊重。孩子如果说得有理，那就赞赏；孩子说得不合理，那就进一步交换意见，直到解开孩子心中的疙瘩为止。只有这样，才能建立起健康、和谐的家庭关系。

❋ 听懂"弦外之音"，方能了解孩子的心

相信很多成年人都深谙这样一种讲话之道，有时候会因为不好意思或某些顾虑，选择用一种很隐晦的方式表达自己的想法，并满心希望对方能听出"弦外之音"。

其实，不只是成年人，孩子也会有这样的时候。随着年龄的增长，孩子的语言表达能力会不断提高，他们希望得到话语权，希望被尊重、被认可，尤其是对于父母，他们的期待也就更多一些。但是有些时候，孩子出于一些特殊的原因不愿意将心中的想法直接告诉家长，而是会采用其他的一些方式"曲线表达"。

李铮是某市重点中学的一名学生，不仅在班上担任班长职务，还在校学生会任职。可最近，向来自信乐观的李铮却有了心事，原来，他在不知不觉中对班上的一名女生产生了好感，他觉得有些困惑和迷茫，于是想把自己的心事跟妈妈说说。

一天晚上，妈妈正在电脑前加班，他走过去，没有直接说自己的事情，却试探性地问："妈，你累了吗？"

"儿子，妈妈不累。"

"妈，你晚上回家还要工作，一定很辛苦，我给你捶捶背吧！"

"儿子，妈妈知道你懂事。你先去玩好不好？你这样会打扰妈妈工作。"

听了妈妈的话，李铮知趣地走开了。后来，妈妈转念一想，觉得儿子今天的举动异常，应该有什么事情想跟自己说，于是，她放下了手中的活

儿，说："儿子，妈妈忙完了，你有什么想跟我说吗？"

于是，李铮把自己的问题和困惑向妈妈诉说了一番，经过妈妈的开导和教育，他顿时觉得轻松了很多。

在日常生活中，做妈妈的要多关心和了解孩子，尤其是那些性格偏于内向、说话喜欢拐弯抹角、不善于表达的孩子，妈妈在交流的时候要特别注意观察。这类孩子的内心想法和感受可能不像自己表达的那么简单，也许有着更为深层的内容。

另外，妈妈还可以通过孩子的一些肢体语言、情绪以及习惯的突然变化来推测孩子是不是话里藏话。比如一个平时大大咧咧的孩子突然说话小心翼翼，这时候父母就要注意了。孩子心里可能还有一些无法直接开口的话等你去听呢。

只有听出孩子的"弦外之音"，才可以更好地了解孩子的需求，有针对性地帮助孩子解决问题。

其实，要做到这些，也不是很难。下面是给妈妈的一些技巧：

（1）认真倾听孩子诉说。只有认真地倾听孩子说话，让孩子感受到你是关心他的，他才会慢慢地打开自己的心门。如果一开始就不认真听孩子诉说，孩子也会将你拒之门外。

（2）在与孩子的交流中，要仔细地观察孩子的表情、肢体动作等。孩子的内心其实是藏不住事情的，稍微有点风吹草动，他们就会在情绪上或者肢体上表露出来。只要父母细心地观察和留意，一定可以感知到孩子内心的事情。

（3）多站在孩子的角度上想问题。孩子问问题的时候多半是从自己的角度出发。比如，他们问父母每年被遗弃的孩子有多少，其实，他们关心的并不是这个，而是自己会不会被遗弃。

每个家长都想通过和孩子的交流走进孩子的内心世界，那么就请你多观察孩子，留心孩子的动作和神情，善于倾听孩子的"弦外之音"。

❈ 听听孩子的委屈，才能引导孩子

美国著名教育家斯托夫人的女儿维尼夫雷特 4 岁时，有一段时间非常顽皮。似乎每天她都故意把房间里的东西丢落到地上，而且动不动就发脾气。

有一天，斯托夫人问她："维尼夫雷特，为什么总是把房间弄得这么乱呢？"

维尼夫雷特听了妈妈的话，并没有马上停下来，反而当着妈妈的面把桌上的一本书扫到了地上。"你怎么了？快点儿捡起来。"斯托夫人指着地上的书对女儿说。女儿努嘴说："我偏不捡。"斯托夫人也有点儿生气了："你怎么这么不听话。"女儿仍旧反驳："我就是不听话。"

听女儿这么说，斯托夫人没有再说什么，扭头就走了。她走后，维尼夫雷特更加肆无忌惮，一会儿在房间里尖叫，一会儿又乱扔东西。斯托夫人极力控制自己愤怒的情绪，告诉自己不要发火。过了一会儿，女儿的吵闹声停下来了，随之而来的就是伤心的哭泣。

这时，斯托夫人走进女儿的房间，温柔地对女儿说："维尼夫雷特，怎么了？有什么不高兴的事吗？"女儿没有回答，只是伤心地哭着。看到她那伤心的样子，斯托夫人把她从地上抱了起来。

"妈妈一直认为你是个乖孩子，所以你乱扔东西时我没有骂你，我想你一定是遇到了什么不顺心的事，告诉妈妈好吗？也许我还能帮你呢！"斯托夫人说了这些话，维尼夫雷特的心情似乎好了不少，但仍然在哭泣。"好了，别哭了，有什么事情不能解决呢？你一直是个聪明的孩子，再加上妈妈帮你，我想什么问题都能解决。"

女儿突然扑到妈妈的怀里，放声大哭起来，一边说："妈妈，我觉得自己好孤独啊！"斯托夫人很纳闷："怎么会呢？妈妈不是天天和你在一起吗？"女儿委屈地说："可是，你总是不搭理我，整天就知道在书房里写字，你一点不在乎我……"

斯托夫人明白了，原来是这样。由于那段时间工作比较忙，有很多稿子要写，所以就很少陪她。于是，斯托夫人带着歉意说："维尼夫雷特，千万不要那么想。妈妈最在乎、最爱的就是你。等妈妈忙完手中的工作，一定会好好陪你玩，不过，你也要理解妈妈呀！我相信你是一个懂事的孩子，妈妈必须工作，你一定会理解妈妈的。对吗？"

自从斯托夫人让女儿知道自己仍然爱她后，维尼夫雷特就再也没有故意捣乱过。有时候，斯托夫人在工作间隙去她的房间看一看，她会对妈妈说："妈妈，你去忙你的吧。没关系，我自己知道怎么玩。"

很多妈妈只是想当然地根据自己的理解去判断孩子的行为，而不愿意花时间倾听孩子诉说心中的委屈，这是非常不明智的。斯托夫人的做法就与这些妈妈不一样，值得学习借鉴。

对孩子来说，每天会发生很多事情，他需要与家长分享。当他遇到快乐的事时，他愿意与家长分享快乐；当他遇到心烦的事时，他也希望家长能够听他诉说，与他一起分担烦恼。

法国著名作家罗曼·罗兰曾说："大人的痛苦是可以减轻的，因为知道它从哪儿来，可以在思想上把它限制在身体的一部分，加以医治，必要时还能把它去掉。婴儿可没有这种自欺欺人的方法，他初次遭遇到的痛苦是更残酷、更真切的。"对孩子来说，他的人生经验很缺乏，就更加需要向家长倾诉，希望能够得到家长的指导。

在生活和学习中，每个孩子都不可避免地会受委屈，作为妈妈，一定要倾听孩子的委屈，引导孩子调整情绪，帮他建立良好的情绪自控力。

孩子的内心世界是敏感的，有时候他会感到很委屈，但如果妈妈不会倾听他的委屈的话，孩子就会感觉妈妈离他很远。所以，妈妈除了满足孩子的日常生活需要之外，还应该学会听听孩子的委屈，善于引导孩子，让孩子健康成长。

❋ 重复孩子的话，诱导他吐露心声

在与孩子沟通时，应该鼓励孩子或引导孩子说出内心的真实想法。这样，我们才能了解孩子，才能真正体会到孩子内心的真实感受；同时，也能够发现孩子存在的问题，并及时帮助孩子解决这些问题。

女儿：明天我不想上学了。

母亲：不想去？有点儿奇怪，你一直喜欢上学的呀！妈妈很纳闷，你是不是担心什么事情。

女儿：是呀，可能是因为玲玲和嘉嘉吧！

母亲：今天在学校与玲玲和嘉嘉发生了一些事吧？

女儿：是啊！今天在课间休息时，玲玲、嘉嘉都不理我。

母亲：啊，你一定很难过吧！

女儿：是呀！

母亲：看来，明天你不想上学是因为担心玲玲和嘉嘉在休息时又不理你。

女儿：嗯。我每次朝她们走去，她们就会走开忙其他的事。

母亲：哎呀！要是我的朋友也这样对我，我也一定会非常伤心的。

女儿：就是呀。我感觉自己好委屈。

母亲：啊，我的宝贝儿，让妈妈抱抱。对这件事我感到很难过，你的朋友这样对你，我能够感受到你的愤怒和悲伤。

女儿：所以，我明天不想上学。

母亲：因为你不希望她们再次伤害你。

女儿：嗯，而且她们一直是我的好朋友啊！

母亲：你希望妈妈帮你想些好办法吗？

女儿：当然希望了。

母亲：你也许可以跟玲玲和嘉嘉谈谈你的感受。

女儿：我做不到，那多尴尬啊！

母亲：对，这确实需要极大的勇气。

女儿：让我想想吧！

母亲：你也可以等着，看看会发生什么事。你也知道，她们或许明天就会比较友善了。

女儿：但如果她们不呢？

母亲：有没有别的同学想跟你一起玩？

女儿：没有。

母亲：我曾看到你跟涵涵在一起，而且你跟她在一起还很快乐。你也许可以请她教你玩球。

女儿：也许吧。

母亲：好，现在你就有另外一个办法啦！

女儿：是呀，也许能行得通。但万一不行呢？

母亲：看来你还是很担心呀，担心到时候没人跟你玩？

女儿：对呀。

母亲：你可以想出自己一个人玩的有趣的事吗？

女儿：是跳绳吗？

母亲：是呀，是跳绳。

女儿：嗯，我可以带着跳绳去上学，以防万一。

母亲：好。

女儿：我可以这么做。

母亲：那么现在还不把跳绳放进背包里，免得明天忘记了。

女儿：这个主意好极了。

这是一位母亲和女儿之间的对话。可以看出，这位母亲非常有智慧，她在倾听孩子的同时，一步步引导女儿说出了自己的真心话。

所以，遇到类似的情形，妈妈应该多花一点时间，以同理心去倾听孩子，并引导孩子说出心里的真实想法，引导他自己去解答问题。这样，我们就能引导孩子作出可行的选择。

在倾听孩子诉说的时候，还要适当提出一些简单的问题以引导他来表述想法，从而把问题进一步说清楚。比如，可以这样引导孩子："是吗？你认为这件事情他们做得对吗？""宝贝儿，我想知道你心里是怎么想的！""孩子，告诉妈妈你真实的想法，我想我是能够帮助你的。"……

要知道，这种引导性的语言可以拉近孩子与家长的距离，能够让孩子更容易、更乐意表达自己的思想。当然，如果孩子对问题阐述得不完整，妈妈也可以做一下适当补充，比如可以说："孩子，你说得已经非常好了，现在妈妈还想再补充一

为什么不看看自己的优点呢？

唉！我的眼睛小、鼻子塌……

点。""妈妈和你的意见不太一样，你可以听一下妈妈的意见吗？"……

如果孩子的表达思想有所偏差，妈妈也应该及时纠正。但给孩子的感觉一定要友善，千万不要用过激的语言刺激孩子。否则，孩子就不再愿意与父母继续沟通了。

❈ 每天睡觉前，和孩子交流沟通

相关的科学研究表明，孩子情绪最平稳的时候，就是每天睡觉前。在这个时候，孩子最愿意和父母进行沟通。因此，不少教育专家建议家长，每天睡觉前，和孩子进行交流沟通。这对家长和孩子而言都有很好的作用。

首先，这是妈妈了解孩子的一种有效方式。

忙完一天的工作，即将入睡，这时妈妈和孩子的情绪都比较平稳，也不容易受到外界的干扰。

这时的喃喃私语更容易走进彼此的内心，孩子更乐意倾诉，而妈妈也会更敏感，可以敏锐地体察到孩子的情绪。

其次，这是影响孩子的最佳时机。孩子一直在模仿和学习大人，深受大人行为的影响。但人无完人，每个人都有困惑、烦恼和处事不当的时候，这些或多或少都会影响到孩子。而临睡前，孩子最容易接受影响，利用这个时机向孩子传达正面的信息，分析一天的得失，总结成长收获、失败、教训，孩子更容易接受。

莉莉今年7岁了，她的父母是上班族，每天回来都很累，和莉莉说话的语气也很生硬。渐渐地父母发现，莉莉对他们甚至对同学、朋友说话的口气也变得很生硬。

"妈妈，把勺子给我递过来！"

"爸爸，去给我拿一下西瓜！"

父母原本没有特别在意，直到有一天，妈妈带莉莉去舅舅家玩，当舅舅家的小孩子大声哭的时候，莉莉却站在一旁，大声地呵斥："小孩子，不要哭，很烦。"

妈妈顿时觉得这样很不好，于是赶忙去找一名教育专家咨询。专家告诉她，每天睡觉前，试着用一种和蔼的态度和孩子交流。

妈妈听了以后，每天晚上睡觉前，都会问问莉莉这一天有什么高兴或者伤心的事情。当莉莉告诉妈妈高兴的事情的时候，妈妈就抱一下莉莉，当莉莉告诉妈妈今天她做错了一件事情，伤心的时候，妈妈就态度很温和地安慰一下她。

慢慢地，妈妈发现，莉莉说话的口气不再像以前一样生硬了，而且也学会了在同学伤心的时候安慰同学。

最后，这种习惯一旦养成，便会成为妈妈和孩子之间最为温馨的回忆。

一位美国女作家曾在散文中记述了自己童年时期最为温馨的几个场景：

每天晚上，我都会等着母亲走进我的卧室，拿着一杯牛奶，放在我的床头。然后蹲下来，微笑着问我："宝贝，今天有什么开心的事情要讲给我听吗？"

有时候我会告诉她，我捉弄了住在隔壁的琳达，这时候她会笑着告诉我："想一想，如果琳达捉弄了你，你会不会开心呢？"

"我不知道，但是我想应该会开心吧。"

"那个时候的你开心吗？"

"会很沮丧。"

有时候，我会告诉她我今天看见了彩虹，很兴奋。

大多数时候，都是一些微不足道的小事。可是现在回忆起来，却是满心的幸福。

其实，不管是妈妈对孩子的教育还是孩子和妈妈的感人记忆，大多数时候都是一些很小的事情。那妈妈不妨就从每天睡前问候孩子这件小事做起吧。

❋ 越问越明白，提问中的小智慧

在教育孩子时应该适当提问，这是完成教育孩子任务的重要手段之一。妈妈提问能够起到设疑、解疑和反馈的作用，也能够帮助孩子指明方向、启发思维和调节气氛。在日常提问中，妈妈要具有很强的技巧性。而在今天，提问的方式已经成为一门艺术，能够促使孩子全面、主动地发展。

当然，妈妈要明白，孩子的年龄还小，在很多时候，他也不知道自己存在的错误和内心的想法到底是什么样子的，这个时候，妈妈可以主动通过提问的方式帮助孩子认识自我，让孩子明晰方向，更全面地发展。

赵灵在教育自己的孩子时，是很讲究方法的。

一次，赵灵带着孩子去动物园，没玩儿多久，赵灵就发现了一个问题，她的孩子并不像其他的小朋友那样问东问西，而是很沉默地站在一边，静静地观看。赵灵有些纳闷，是孩子对这些动物不感兴趣吗？还是他有什么别的想法？

当走到长颈鹿观察区的时候，在孩子看了足足十分钟之后，赵灵对儿子说："宝贝，妈妈现在想知道一个问题。"

儿子看着赵灵，赵灵说道："你不喜欢这些动物吗？"

儿子回答："妈妈，我很喜欢啊。"

赵灵继续说道："那你能告诉妈妈长颈鹿的脖子为什么那么长吗？"

儿子不解地说："妈妈，其实我也在想这个问题，但是我并没有想到什么答案。"

赵灵继续引导说："那你可以求助妈妈呀，妈妈如果也不知道，咱们回家还可以咨询爸爸。"

看着似懂非懂的儿子，赵灵接着说："以后有什么不明白的事情，就直接告诉爸爸妈妈好吗？我们一起想办法解决。"

儿子点点头："嗯。"

回到家中，儿子就问爸爸为什么长颈鹿的脖子那么长，爸爸告诉了孩子答案。渐渐地，在赵灵的有意引导下，儿子也愿意把心中的疑惑说出来，向父母提问了。

妈妈在和孩子交流的过程中，必须明白一个道理，那就是要想尽办法来促成孩子的进步，而提问就是一个不错的方法，但是在提问孩子的时候，妈妈们必须注意以下三点：

1. 妈妈在提问时要有适当的层次性

妈妈在提问的时候，一定要保证问题的层次性，这样不仅能够让孩子愿意回答自己的问题，更能够帮助孩子建立理性思维和逻辑思维，让孩子在与妈妈交流的时候变得更加主动，同时，妈妈也能了解孩子内心的真实想法。

2. 妈妈的提问要有合理的导向性

妈妈提问的最好效果是将"质疑"这种教育方法引入日常教育中，让孩子在妈妈设计的问题和指导下，能够自觉地形成问题意识，既能够让孩子善于发现问题，又敢于去提出问题，乐于研究问题。

妈妈要学会先提出问题，并观察孩子的表情，随后要鼓励孩子去回答问题。当然在提问的过程中，妈妈要留一段时间让孩子去思考，这样孩子才有机会收集并组织信息，进行合理的归纳总结，从而形成有条理的答案。

妈妈要注意实施"妈妈少问，引导孩子多问"的方法，在开始的时候，孩子可能是被提问的对象，在对孩子进行引导之后，要让孩子渐渐地学会自己去提问题，这样能够让孩子由被动变为主动，更能够让孩子感受到自己存在的价值，所以说妈妈要成为孩子的向导，让孩子独立思考，当孩子思考和想象之后，要引导孩子去发出提问。

妈妈要发挥"精问"作用。不同的孩子对同一个问题往往会有不同的看法，应该让孩子多多发问，畅谈自己的想法。只有这样，孩子在日常生活中才能提出疑难问题，从而提高孩子的学习能力。

3. 妈妈在提问中应避免出现问题过于简单、答案过于开放的情况

很多妈妈都会问孩子"你晚饭想吃什么呀？""你想玩儿什么呀？""你想看什么呀？"等，似乎这样的问题才会被孩子接受，也最适合孩子去回答，因为这些问题的答案是开放的，妈妈认为孩子可以随意地去回答问题。而实际情况是，孩子真想马上回答妈妈的问题，但是妈妈给的想象空间太大了，孩子必须花一些时间好好思考一下。但是，很多妈妈却没有足够的耐心和兴趣来等孩子的答案。所以说妈妈千万不要觉得答案越开放，就越有利于孩子回答。

因此，为了避免出现这种情况，妈妈就一定要把问题调整为选择题，尽量让孩子有回答的空间和范围，让孩子知道妈妈究竟是在问什么问题。

第3章

用赞美代替吼叫，
让孩子自信满满

　　听话的孩子是表扬出来的。相信孩子，解放孩子，首先就要学会表扬孩子，表扬是成功的催化剂，是最有效、最轻松的教子秘诀。掌握好夸奖这个法宝，就抓住了让孩子成功的关键！

✻ 赞美是孩子成长的兴奋剂

每个人都喜欢听好话，孩子也是这样，他会对妈妈对他的否定与批评感到厌恶。所以，妈妈应该改变一下与孩子沟通的方式，多赞美、多鼓励，少指责、少批评，在赞美中融入对孩子缺点的暗示，慢慢地等待孩子的自然转变。这样，孩子就更加愿意和妈妈沟通。

铭铭特别好动，还总是喜欢破坏东西，欺负其他的小朋友。铭铭的妈妈斥责他时，也只能让他稍微安静一会儿，却始终改不掉他的这个坏毛病。

妈妈一再教训他："你总是欺负小朋友，再这么霸道的话，以后谁也不会跟你做朋友了。"但是，这对铭铭来说，几乎一点儿效果都没有，因为他根本听不进这些话。

于是，铭铭的妈妈决定把他过剩的精力引导到其他方向上。一天，妈妈把铭铭带到了自家的自行车修理店，教他修理自行车的一些简单工作。比如，教他擦一些小零件、去掉旧自行车上的铁锈、安装一些小的部件。一般来说，这些工作马上就能看到成果，如果弄错了方法，那些小部件就装不上了。

对这些零碎的工作，如果铭铭都做好了，妈妈就会立刻表扬他；做得不好时，就让他反复做。渐渐地，铭铭开始发生了一些变化，他开始有责任感，做事也认真了，不再命令别人做这做那，而是喜欢自己动手去做事情了。

妈妈的方法奏效了。

铭铭以往都以顽皮的一面引人注目，有时还爱欺负小朋友，因此总是挨批评。但另一方面，他好奇心强，比较热情，又特别喜欢替朋友打抱不平。于是，妈妈就经常夸他这些方面，还说："和小朋友一起玩的时候要能谦让一点就更好了。"结果，铭铭变得越来越彬彬有礼了。

有时候，对孩子进行适当的赞美比批评更有效。当然，正像一味地批评孩子不可取一样，一味地赞美孩子也并非完美无缺。所以，不妨试着学习铭铭的妈妈，把对孩子的批评包含在肯定与赞美之中，也就是用赞美来点击孩子的缺点。

所以，孩子在某些方面出现问题时，妈妈可以先说孩子的优点，再点出孩子的缺点，同时指出孩子应该努力的方向，让孩子在愉快的心情中改正缺点。值得注意的是，这种方法也应该把握一定的技巧，千万不要让孩子感觉："妈妈赞美我不过是为了批评我，哼，真虚伪！"这位妈妈就把"用赞美点击孩子的缺点"运用得很好。

韩枫很聪明，反应也很敏捷，但学习成绩却很差。爸爸批评他不用功学习，但并没有什么效果。有一次，妈妈和他打乒乓球，他一连三局都打赢了妈妈。妈妈夸他说："你的乒乓球打得真棒！怎么练出来的，我怎么不知道呢？"韩枫说："我每天中午都在学校练，打得多了自然就能打好了。"

妈妈说："是的，你能勤学苦练是主要原因，但也说明你眼快手快，脑子反应快呀！"韩枫得意地笑了笑。妈妈接着说："你这么聪明，如果在学习上也能像打球一样勤奋努力的话，一定会取得很好的成绩。"韩枫听了之后，不好意思地笑了。后来，他的学习成绩果然突飞猛进。

可见，如果妈妈善于用赞美点击孩子的缺点，多使用赞美的方法，少直接批评孩子，帮他树立自信心，孩子就会朝着家长所希望的方向成长。

❋ 细语赞扬，让自卑的孩子更自信

妈妈应该让孩子明白，在这个世界上，每个人都是独一无二的奇迹，都是自然界最伟大的造化。所以只有满怀自信，不断发挥自身潜力，才能将生存的意义充分体现出来。这样，孩子就会建立起自信心，也会为顺畅的亲子沟通起到促进作用。

美国著名成功学大师戴尔·卡耐基小的时候非常淘气。他9岁的一天，父亲与继母结婚了。当时，他们居住在美国弗吉尼亚州乡下的贫民区，继母则来自比较富有的家庭。父亲向继母介绍卡耐基时说："亲爱的，你要提防这个全县最坏的男孩，他可让我头疼死了，说不定他会在明天早晨就拿石头扔你，或者做出别的什么坏事，总之他会让你防不胜防。"

可是，让卡耐基感到意外的是，继母微笑着走到他面前，托起他的头看着他，接着又对他的父亲说："你错了，他不是全县最坏的男孩，而是最聪明、但还没有找到地方发泄热忱的男孩。"

继母的话让卡耐基心里热乎乎的，他的眼泪都快流出来了。因为在继母到来之前，没有一个人称赞过他。就凭这一句话，他与继母建立起了友谊；也就是这一句话，成为激励他的动力，使他日后创造了成功的28项黄金法则，从而帮助千万普通人走上了成功之路。

卡耐基14岁那年，继母给他买了一部二手打字机，并且对他说："孩子，你很棒，我相信你会成为一位出色的作家。"他接受了继母的鼓励，并开始向当地一家报纸投稿。来自继母的这股鼓励的力量，激发了卡耐基的创造力和无穷的智慧，最终使他成为 20 世纪最有影响的人物之一。

对孩子来说，最残酷的伤害是对他的自信心的伤害，最大的帮助是给他以能支撑起人生信念风帆的鼓励与信任。所以，不论孩子现在多么"差"，妈妈都要多鼓励孩子，并善于鼓励孩子，充分树立起他的自信，让他在人生长河中做到信念永存，脚踏实地。这样，孩子就一定会步入成功的殿堂。

英国著名诗人雪莱在《西风颂》中写道："冬天来了，春天还会远吗？"事实上，在冬天看到春天是一种智慧，这种智慧常被家长忽略，希望妈妈们能重新拾起这种智慧，并把它运用到对孩子的教育中来。

苏联著名教育家马卡连柯曾说："教育儿童最好的方法是鼓励他们的好行为。"因此，对孩子说一句"再试试看，你一定能行""做得真棒"，就很可能让孩子敢于藐视困难，带给孩子战胜困难的勇气，重新唤回孩子的自信。

在看到孩子增强自信心的同时，还要注意随时巩固他的自信心。在这种氛围中，孩子自然也会每天努力巩固这种宝贵的感觉，长此以往，会让孩子变得越来越自信，形成高度自信的良性循环。

另外，妈妈们要注意，一定不要无故挑剔孩子，否则，孩子刚形成的自信很快就会消失。当然，也不要过分赞扬孩子，以免孩子产生骄傲的情绪。只有随时恰当地巩固孩子的自信心，才能真正不断提高孩子的自信心。

✻ 及时赞扬，让孩子看到自己的每一个进步

在生活中，妈妈随时都希望看到孩子的进步，尤其是在孩子表现不够好的时候。所以，妈妈不应打击孩子的信心和积极性，而是应该用欣赏的眼光去发现孩子哪怕是一点点的进步，并对孩子的这些看似很小的进步给予真诚的鼓励和赞扬，这会让孩子树立将事情继续下去的勇气和信心。

小周是一名中学老师，妻子的职业也很稳定，是一名外科医生。小周的儿子今年9岁了。其实他的儿子很优秀，就是总不好好完成作业，因为这件事情，他的妻子没少责备儿子，甚至还动手打过孩子。孩子的作业越是做不好，妻子就越是监督，她每天都会看着孩子去做作业，可是效果并不怎么好，时间久了，儿子产生了抵触的情绪，故意将作业做得乱七八糟。他的妻子觉得很无奈，什么办法都用过了，就是看不到起色。

后来，小周告诉妻子，儿子他来管，不要妻子再插手了。于是他就亲自去指导儿子做作业。他在检查孩子作业的时候，故意惊讶地说："儿子，你的作业有很大进步呀。你过来看看，比昨天做得整洁多了，而且还少错了一道题，有进步，真不错！"在表扬孩子的过程中，他偷偷观察孩子的表情，发现儿子的眼睛里突然闪过了一丝自信。于是，他知道自己的这种做法有效果，便趁热打铁地说道："我相信我的儿子能做得更好！"紧接着，他又指出了儿子作业中的错误在哪里，孩子也很高兴地改掉了错题。此后，每天小周都会选择孩子的进步点来鼓励孩子，孩子每天也都有进步，慢慢地，孩子把所有的毛病都改掉了。他的妻子不明白小周是怎么做到的，小

周说道："孩子的作业每天都有可以鼓励的地方，要根据孩子好的变化尽量把他往优点上引导，渐渐地就会形成好的习惯，他自己就改掉毛病了。"

如果在生活中，妈妈对于孩子的进步不给予一定的赞扬，总是过于严厉地要求孩子，就可能出现两种状况。第一种，有的孩子顽皮成性，自然就会产生逆反心理，妈妈的话在孩子面前也变得没有任何权威。第二种，就会让孩子渐渐产生惧怕妈妈的心理。孩子最需要的是妈妈的理解和支持，如果妈妈过于严厉，孩子会想自己最亲近的妈妈都不支持自己，这势必会给孩子造成一个很巨大的心理阴影。

1. 妈妈不要无视孩子的进步

妈妈千万不要无视孩子的进步，不要因为孩子进步太小而觉得孩子没有出息，更不要因为孩子没有达到妈妈心中的标准和要求就把孩子全盘否定，认为孩子是无能的，是一事无成的，这无疑是对孩子的一种巨大伤害。虽然妈妈并不是故意这样去做的，但也许就会在无意中亲手毁掉自己优秀的孩子。

能否发现并欣赏孩子的进步，会极大地影响孩子学习和做事的效果，还会影响到孩子对学习和做事的态度，也会对孩子的性格产生一定的影响。如果妈妈对孩子的进步不给予一定的肯定，甚至否定孩子的进步，那么孩子学习肯定会受到严重的打击，认为自己即使付出了努力也不会被妈妈认可，很可能就会产生自暴自弃的想法，这是十分危险的。

2. 妈妈不要吝啬自己夸赞的语言

妈妈在面对孩子的时候一定不要吝啬自己夸赞的语言，当看到孩子在任何方面有进步的时候，都应该给予孩子最诚挚的夸赞。

当孩子做事的成效不够明显，千万不要急于求成，更不要打击孩子的积极性，要知道，其实孩子也是很着急的，如果妈妈把自己急功近利的情绪传染给了自己的孩子，对孩子的成长是十分不利的。孩子有了一定的进步，就要及时给予鼓励和赞扬。那么，孩子就会在得到赞扬之后继续保持自己的进步。哪怕是一些微不足道的小进步，都是孩子向好的方面发展的开始。可是如果妈妈对孩子的进步视而不见，就会在很大程度上打击孩子的自信心。所以要想让孩子进步，就从表扬开始吧。

❋ 大方赞扬，赏识孩子的勤奋与努力

聪明本来就是一种个人资源，不管是妈妈还是孩子，人们都会为自己拥有这一资源而倍感自信甚至自豪。所以说，孩子都希望别人夸自己聪明，甚至有很多孩子会为了得到聪明的"头衔"，经常在同伴面前装作不怎么努力的样子，然后回到家里拼命地去学习，以此来保证能够有好的成绩。这样一来，很多孩子都容易形成一种错觉，以为聪明可以一学就会，样样都做得很好，不需要任何努力就能取得很好的成绩。所以孩子便会争相效尤，最终导致很多孩子都不努力学习。

对孩子不同方面的赞扬会引导出不一样的效果。同样是成绩优秀的两个孩子，一个被夸奖为聪明，而另一个被夸奖为努力。在一段时间之后两人的成绩便会出现截然不同的变化。被夸奖聪明的孩子会觉得成绩是由于聪明所得，一旦遇到挫折就会失去信心。而被夸奖努力的孩子则会更加愿意做出大胆的尝试，并在学习中取得更好的成绩。所以对孩子的夸奖最好是鼓励孩子努力刻苦地学习，而不仅仅是鼓励他们要小聪明。

有一位到英国做访问的学者曾经历过这样一件事，这件事情让她到现在都记忆犹新。

周末的时候，她到当地的一位教授家中去做客。一进门，学者就看到了教授4岁的小女儿。小女孩满头的金发，漂亮的蓝眼睛让人觉得特别可

爱。她便情不自禁在心里称赞小女孩长得漂亮。当她把从中国带来的礼物送给漂亮的小女孩时，小女孩微笑着向她道谢。这个时候，她终于控制不住自己的心情，夸奖道："你长得简直是太漂亮了，真是可爱极了！"

　　要知道，这种夸奖是中国父母喜欢的，但是，那位英国教授却很不开心。在小女孩离开之后，教授的脸色变得暗沉，他对学者说："刚才你的话伤害了我的女儿，你应该向她道歉。"访问学者感觉非常惊奇，回答道："我只是夸奖了你女儿，我并没有伤害她呀？"但是教授摇了摇头，坚决地对她说："你是因为她的漂亮而夸奖的她。要知道她长得漂亮，这并不是她的功劳，这仅仅是取决于我和她母亲的遗传基因而已，与她个人是没关系的。但是孩子年龄还小，她根本不会分辨这个，你的夸奖会让她认为这是她自己的本领。而且她一旦认为这是天生的本领，那么就认为这是一个值得骄傲的事情，就会看不起长相平平甚至丑陋的孩子，这会给孩子造成误区。"教授说道。

　　"我知道你是真的觉得我的女儿可爱。其实，你完全可以夸奖她的微笑以及有礼貌，这是她自己经过努力才得到的结果。所以说请你为你刚才的夸奖向我的女儿道歉。"中国学者只好很正式地向教授的小女儿道了歉，同时，赞扬了她的微笑和礼貌。

　　通过这件事情，作为妈妈的我们应该明白一个道理：孩子是需要赞扬的，但是在赞扬孩子的时候，只能赞扬孩子的努力，作为妈妈不应该去赞扬孩子的聪明和漂亮。因为聪明与漂亮是孩子先天的优势，根本和孩子的努力没有关系，这些不是值得炫耀的资本和技能。而努力则不然，它是孩子后天的应该予以肯定的事情。

在人生的旅程中，聪明的人，经常在最后的时候变笨；而笨的人，却常常在最后变得很聪明。对于孩子也是一样的，如果让孩子觉得自己是无比聪明的，就不会积极地去学习和面对自己遇到的事情，而夸奖孩子的努力，孩子会更加努力，妈妈应该让孩子懂得"努力不一定会成功，但成功却永远需要努力"的道理。

❋ 对孩子的探索行为给予语言上的支持

对孩子来讲，世界是一个未知的大谜团，他们对此有着极大的好奇，因此总要缠着家人问"为什么"。可是很多妈妈对于孩子的发问要么敷衍了事，要么嗤之以鼻，不屑一顾。也许妈妈觉得，这样做能换来片刻的宁静，但你不知道的是，这种行为在不知不觉中压抑了孩子的好奇心以及求知欲。

发明家爱迪生说过："世上一切都是谜，一个谜的答案即为另一个谜。"他不断探索，不断创新，最终成为一位拥有一千多项发明的发明大王。

著名科学家哥白尼认为："人的天职在于探索真理。"因此他不断探索，为了发现宇宙的奥秘而不懈奋斗，最后提出了有划时代意义的"日心说"。

毫无疑问，探索精神并不是只有那些我们心中所认为的"天才"才有的，它几乎体现在每一个发育正常的孩子身上。从天性来说，孩子生来就是探索者，对于眼前的广阔世界有着强烈的探究和学习欲望。这种与生俱来的好奇心驱使着他们一次又一次地尝试，不怕困难、敢于竞争。

在美国，曾经有这样一个孩子，他总是有各种各样的想法，想象力大得让人吃惊。面对这样一个只有几岁的孩子，有人告诉他的妈妈："你还是管管他吧，天天胡说八道怎么行？"

谁知，他的妈妈却一笑，说："为什么要阻止他？他只是个孩子，有丰富的想象力，这说明他很正常！"

这一天，这个孩子又在院子里玩。突然，院子里传来一阵很大的响声，于是正在做饭的妈妈问："宝贝，你在做什么啊？"

这个孩子大声回答道："放心吧，妈妈！我只是想要跳到月亮上去呢！"

孩子的话，逗得妈妈哈哈大笑，说："好呀，你在月亮上好好玩吧，不过，可别忘了回家吃晚饭哦！"

就这样，这个孩子在这样的环境中快乐地长大了。后来，这个孩子成了第一个登上月球的人，他就是阿姆斯特朗。

拥有一个像阿姆斯特朗这样的孩子，相信是每个妈妈都期望的。可是，如果妈妈总是打压孩子的想象力，总认为他在"胡言乱语"，他又怎么可能去实现自己的理想呢？试想，如果阿姆斯特朗的妈妈总是批评他，他怎么能产生"月球行走"的梦想，怎么能成为登月第一人呢？

孩子从降临到世上的那一刻起，就对周围的世界感到好奇，在他们内心深处对周围世界有着一种追求和探索的愿望。刚出生的婴儿，会用眼睛去观察周围的事物，用小手去触摸身边的东西，用小嘴去吮吸、品尝食物的味道，用耳朵去倾听来自不同方向的声音，这些虽然只是单纯的感觉，却也是在探索世界中迈出的第一步。

妈妈应该注意了，当孩子胆子慢慢变大了，提出一些听起来怪异的想法时，千万别认为是异想天开而加以打击，正确的做法应该是给予孩子支持和鼓励，让孩子积极去探索。其实很多的发明创造，刚开始很多人看来都是很"怪诞"的念头，最后通过那些喜欢探索的人不断努力而实现的。

道理已经明白，那么接下来该怎么做，相信妈妈们已经有了答案。

1. 有意识地引导孩子细心观察生活，大胆提问

孩子对这个世界的一切充满了好奇，因此，妈妈可以从一些小事、小细节中启发孩子对事物进行较深层次的思考，并鼓励孩子勇于发现问题。

我国著名教育家陶行知盛赞"小孩是再大不过的发明家"，他提醒家长：
"发明千千万，起点是一问。人力胜天公，只在每事问。"孩子提出的问题，
妈妈不一定全能回答，但可以这么说："这些问题我不知道，不过，我们可
以通过努力找到答案。"

2. 和孩子讨论问题要有耐心

孩子喜欢问这问那，也喜欢和妈妈讨论一些问题。每当这种时候，妈
妈要有耐心，不要急于求成，也不要随意说"说得好"或"很好"，因为过
快过早赞扬可能传递讨论已经结束的信息，而应该说"真有趣""我从来没
有这样想过"等，这样会使孩子的探索如滚雪球一样越滚越大。

此外，妈妈也不要催促孩子去"想"，这种催促，只能使孩子为了急于
表现，而去揣测大人希望的答案，并用尽可能少的话说出来，以免因为猜
错而受到责备。

3. 别对孩子表现出不耐烦

有时候，孩子的想象力不免有些无厘头，如说"我能不能把左胳膊安
到右胳膊上？"尽管看似可笑，妈妈也不要因此表现得不耐烦，说些"去去
去，没看见我正在忙，捣什么乱啊？"之类的话。

虽然在妈妈眼中，这样的话听上去很普通，可是它会打击孩子的积极
性，认为妈妈根本不关注自己。所以，妈妈不妨听孩子说完想法，然后通
过其他途径，如翻阅有关资料或向专业人士请教，以此满足和保护孩子的
好奇心。

妈妈需要铭记：让孩子自己探索，他会不断发现"大海"中的很多
"岛屿"；而要过度打压孩子，这只会摧残他们对这个世界本来具备的强烈
探索的愿望，失去更多的乐趣和增长知识的机会。所以，别阻挠他的奇思
妙想，放手让他去探索这个世界吧！

✵ 要善于挖掘孩子身上的闪光点

孩子是每一个妈妈生命中的希望，而妈妈对于孩子的教育也是十分重要的。父母希望自己的孩子能够成龙、成凤。在日常的教育中，对于孩子的教育，妈妈是占有绝对重要的位置，因为妈妈是孩子的第一任老师，是孩子生活中最亲近的人，妈妈怎样对待自己的孩子，对于孩子的将来是有深远的影响的。

妈妈要注意，在日常的生活中，要善于发现孩子的"闪光点"，在生活中，也许妈妈会认为自己的孩子根本没有什么值得夸耀的地方，但是，每个孩子在成长的过程中都一定会有自己的长处。作为妈妈，要能够在生活中注意并善于发现孩子的优点，并根据孩子的特点，来加以引导，从而促进孩子的进步，还要及时给予孩子表扬和鼓励，使孩子认识到自己存在的价值，从而增强自信心，促进孩子的个性健康发展。

现代社会是一个充满了竞争和挑战的社会，要想让孩子能在这样的社会中站稳脚跟，家庭教育任重而道远。妈妈要努力去发现孩子身上的闪光点，充分地调动孩子学习的积极性和主动性，给孩子以信心，这样才能够使孩子充分发挥自己的潜力，从而为孩子创造出一个美好的未来。

有一个人满怀欣喜地去朋友家做客，因为两个人聊得投机，客人不知道怎么把怀表弄丢了，这个怀表很珍贵，是客人的爷爷留给他的纪念品，所以他心急如焚。因为怀表是在自己家里弄丢的，男主人感到十分抱歉。他对儿子说："宝贝，你也来帮叔叔找找吧。如果找到了，爸爸就买巧克力给你吃。"那简直是太好了！儿子心里这样想。听说找到了就会有自己喜爱的巧克力吃，男孩自然毫不犹豫地也加入了寻找怀表的队伍。可他们三个人忙了半天，依然是一无所获。

这时，女主人买菜回来了，她安慰客人道："请你放心，只要是在我家丢的，那就一定能找到。你们该办什么事就去办什么事去吧，怀表由我来找就行了。"三个人都出去了，只留下女主人一个人静静地在沙发上坐着。这个时候，客厅里悄然无声，突然一个小小的声音从客厅的一个角落里传出来："嘀嗒，嘀嗒，嘀嗒……"女主人便开始寻找，她很快就在一个沙发坐垫的缝隙中找到了怀表。事后，男主人问妻子："怎么我们三个人找了这么久都没找到，而你一下子就找到了？这是为什么呢？""因为客人心里存在着一份着急，你心里多了一份歉意，儿子心里有的只是巧克力，而我心里只有那块怀表。"女主人继续说道，"只有保持心中的那份宁静，你的心中才能放得下那块怀表。对待我们的孩子也是一样的，在教育孩子的时候，不要总是盯着别人孩子的长处，却很少发现自己孩子的长处。其实，即使是人们眼中所谓的坏孩子，也是有自己的优点的。关键是有的妈妈心情浮躁，总是忽视这一点，容易受潮流的影响，总是把目光投向那些成绩优异的学生，却忽略了一些孩子所具有的爱心、交往能力以及思维活跃、合作能力等这些隐性的品质。"男主人听了之后也很有感触，于是他开始用心观察自己的儿子，说："我们的孩子原来也这么可爱呀。"

在生活中，妈妈应该注意，不要当孩子出现一点过错的时候就把他批评得一无是处，而是要善于发现孩子身上的闪光点。闪光点就是孩子身上表现出来的那些优点和长处。每个人都有自己的优点和长处，孩子也不例外。妈妈要善于发现孩子身上的闪光点，也要千方百计地让自己孩子的闪光点找到用武之地，增强孩子的自尊心，强化孩子的上进心，这样孩子就会进步。

✳ 让孩子感受到自己的优点

每个孩子身上都有很多优点。卢勤曾说："能发现千里马的人是伯乐，能发现孩子长处的父母是称职的父母。我们要善于发现孩子的优点和长处。有许多父母，总觉得别人的孩子是天才，自己的孩子像个蠢材；别人的孩子是金子，自己的孩子是沙子。有这样的心理，他们永远不会主动发现孩子身上闪光的地方。"

赵震教育孩子的方法和一般父母不一样，他不是盯着孩子的缺点，而是善于发现孩子的优点。然后让这些优点的"星星之火"，通过自己的"小题大做"，最终形成"燎原之势"。

赵震第一次让女儿赵费霞做应用题时，10 道题，她只解答对了 1 道。一般父母可能就火了，非打即骂，但他没有，他没在错的地方打"×"，只在对的地方打了一个大"√"，然后发自肺腑地对女儿说："费霞，你太了不起了！第一次做应用题就对了 1 道。爸爸像你这么大时，连碰一下都不敢呀！"

费霞听到这话，非常自豪。从那以后，她越来越喜欢做应用题了，一次比一次对得多，升初中时，数学考了 99 分。

女儿写作文的时候，赵震就用红笔把作文中写得好的句子画下来，吃饭的时候，让女儿当着全家人的面朗读，全家一起为她欢呼。慢慢地，一句变成两句，两句变成三句，她越来越爱写，就写出了好文章。

不可否认，赵震善于发现孩子的优点，他给孩子的是一种充满激励的环境，在这种环境中，孩子的学习兴趣就会越来越浓厚，各方面都会健康发展。当然，这也会极大地促进亲子之间关系的和谐。

中国青少年研究中心副主任孙云晓在一次教育报告会上曾讲过这样一段话："能发现孩子的 10 个优点，您是优秀的父母；能发现 5 个优点，您是合格的父母；如果一个都没发现，您就该'下岗'了。"在当时，这段话使现场 2000 多名父母受到了极大的震撼。

日本著名教育家铃木镇一也曾说："在每个孩子身上都蕴藏着巨大的、不可估量的潜力，每个孩子都是天才，宇宙的潜能隐藏在每个孩子心中。"可见，作为父母，应该善于发现孩子的优点，让孩子感受到自己的优点，这样就能激发出孩子的潜能，从而让孩子更好地成长。

那么，妈妈怎样才能发现孩子的优点呢？

1. 善于发现孩子的与众不同点

天下没有完全相同的两片树叶，同样，世界上也没有完全相同的孩子。父母的责任就是发现自己的孩子与众不同的地方。

2. 善于发现孩子的动情点

每一个小朋友都是爱的天使，他们的内心是纯洁的，情感是细腻的。作为妈妈，要善于发现孩子闪烁着真诚和爱的情感。善于发现它，是走进孩子、理解孩子，并与其沟通的法宝，也是教育孩子走上成功路的法宝。

3. 用全面的眼光看待孩子

评判孩子有无出息，不能只盯着学习成绩看，孩子的动手能力，孩子的品德，孩子的劳动表现，孩子的交往情况，孩子的兴趣爱好等，都是评价孩子的因素。

4. 用发展的眼光看待孩子

孩子一直是成长变化的，不要把孩子看"死"了，只要你细心观察，总能发现孩子的进步。

好妈妈就应该懂得并善于发现孩子的优点，然后发自内心地去表扬孩子，激励、鼓舞孩子，让孩子在自信中成长。

妈妈应该知道如何夸奖孩子

"数子十过，不如赞子一长。"恰当的夸奖能够让孩子增强信心，获得继续努力奋斗的动力。只要妈妈和孩子之间用心构建出默契的亲子关系，耐心、用心倾听孩子的心声，那么孩子基于妈妈的信赖，也就能顺利接受妈妈的建议。毕竟，夸奖绝非口头的漂亮字眼或训诫孩子的开场白，而是妈妈表达关爱的一种方式。

你是一位经常夸奖孩子的妈妈吗？你认为夸奖对孩子有百利而无一害吗？你知道不当的夸奖可能给孩子带来的伤害吗？赞美和夸奖对于孩子的成长有着非常积极的作用。但是，过度的夸奖并不是一个好的教育方式！

例如，在孩子将房间打扫得干干净净以后，最自然的评论方法是只说他辛苦了，房间打扫得非常干净，不建议说宝贝有多乖、多自觉。妈妈对孩子的夸奖字眼应当是一面镜子，给孩子所做的成果提供一个较为真实的影像，这样的赞赏才有效。

对孩子伸出大拇指给予鼓励。通过夸奖增强孩子的自信和能力的"拇指教育"，已经成为当今最受推崇的教育方式了。

妈妈和爸爸忙着上班，6 岁的女儿把房间收拾得很整洁。她扫除了地板上的垃圾，擦干净了桌上的灰尘，并把凳子摆放得很整齐。妈妈回家见了非常高兴，就表示赞赏女儿的成就和努力：

妈妈："房间那么脏，我真不相信你只花了半天工夫就清理得干干净净。"

女儿："这是我做的！"

妈妈："房间里满是灰尘，你爸爸的杂志、报纸又到处都是！"

女儿："我把该擦的都擦了，该放好的都放好了。"

妈妈："这工作可不简单。"

女儿："是啊！"

妈妈："房间里好整洁，看起来就叫人心情舒畅。"

女儿："是整洁多了。"

妈妈："谢谢你，女儿。"

女儿："不用谢！"

妈妈的话使女儿因为自己的工作而高兴，因为她的成就而得意。

这天傍晚，她几乎是迫不及待地等待着妈妈回家，要让妈妈看看整洁的房间，好再重温一下因为工作完美而带来的得意心情。

比较起来，下列赞美方式对于孩子的个性培养来说，就没有如此大的效应：

"你是个了不起的孩子。"

"你真是妈妈的好帮手。"

"要是没有你，妈妈真不知该怎么办。"

这一类的评语可能对孩子造成威胁，让他产生焦虑心理。他可能会认为自己还到达不了这么高的标准，而且无法长久保持这种的光荣纪录。所以，他为了避免紧张的心理，最终会暴露出自己的缺点，那他就会立即坦白地采取恶劣行为，用以减轻心理上的负担。

夸孩子也是技巧的，以下是供妈妈参考的几点建议：

1.不能一味地盲目夸奖孩子：盲目夸奖孩子，只会让孩子骄傲、自满、自大。"你真聪明"是父母惯用的评语，这很容易使孩子自我陶醉，只能让孩子变得"自负"而非"自信"。所以不要一味夸孩子聪明，夸孩子努力比夸他聪明好。那些因努力学习而受到夸奖的孩子失败时，会认为是自己不够努力而造成的，他们更有可能振作精神，继续努力。

2. 客观地夸奖孩子：孩子真正需要的是自信而不是自傲，父母表扬孩子的时候要尽量做到客观、具体，适度为宜。

3. 及时而适当的奖赏：的确，物质奖赏是一种很有效的方式，但是过多的奖赏就如同贿赂，对孩子并没有太多的好处。因此，物质奖赏既要及时，又要适当，不要把物质奖赏作为一项惯用的、例行的方法，更不要买十分昂贵的礼物来讨孩子的欢心。如果能够尽量自然地让孩子感受到物质奖赏的喜悦，那将是非常理想的状态。比如孩子喜欢吃果冻，妈妈可以提前买些果冻放在家里，等孩子有了值得夸奖的行为之后，就顺便拿些果冻给他吃。

夸奖孩子要遵循原则

一位母亲讲了这样一件事：

我的孩子杰克从不主动做家务，为这事我很恼火。他 9 岁以后，我感觉他应该多承担一些责任。

一天晚上，在吃饭之前，我叫他摆好桌子。通常，我得不停地督促，他才能完成。但这一次，我还没再次提醒他，他自己就把事情都做好了。我很高兴，我得夸奖他一下。为了让孩子也能听见，我大声对丈夫说："你看见了吗？杰克把桌子、盘子、碗、餐巾纸等都摆好了！真是彻底负责啊！"杰克当时并没有什么明显的反应。

晚饭后，我带小儿子上楼睡觉，让杰克过 15 分钟也上楼睡觉。他说："好的。"15 分钟后，他上了楼。我说："我叫你 15 分钟后上楼睡觉，你就来了，非常准时。"杰克笑了。

第二天，杰克在晚饭前来到厨房说："妈妈，我来摆桌子！"我惊呆了。我说："我没叫你你就来了，我真的好感动！"从那以后，我开始注意到，杰克有了一些细小的变化。

一天早上，他主动把床铺整理好了。还有一天早上，他早饭前就已经自己穿戴好了。看来，我越去挖掘他的优点，他就越容易变好。

另一位母亲这样叙述：

我以前用物质奖励来管孩子。每当我担心孩子不听话，我就说："如果你表现好，我就给你买冰激凌或新玩具。"孩子当时会听话，但下一次我还得再答应给她另外一个奖励。

最近，我不再说"如果你表现好，我就……"而是换了一种说法："孩子，如果你……那会对我很有帮助的。"而当她确实做了对我有帮助的事情时，我会把她做的事描述给她听。

上周末，我告诉她："孩子，当爷爷奶奶来我们家时，如果你可以让他们感到很受欢迎，那会对我很有帮助。"等爷爷奶奶到来时，她表现得好极了。等他们走后，我对她说："孩子，爷爷奶奶在这儿时，你让他们感到非常高兴。你给他们讲笑话，给他们吃糖果，你还请他们看你收集的邮票。真是热情周到啊！"孩子听了神采飞扬。

以前的方法，孩子只会高兴一

时，因为她得到了奖励。但现在的新方法，她为自己做的事而感到自豪。

实际上，每个孩子都希望得到父母的夸奖。但是，夸奖孩子也需要遵循原则。不能盲目地夸奖，也不能过激地夸奖。妈妈夸奖孩子可以参考以下几点原则：

原则一：夸奖孩子要符合其年龄及能力

当妈妈高兴地对一个年幼的孩子说："我看到你每天都自己刷牙，真是棒极了！"这时，孩子会为他的行为感到自豪。但是，同样的话如果是说给一个十几岁的孩子，他可能会感到父母是在讽刺他。

原则二：夸奖孩子不要涉及他过去的错误或弱点

比如，妈妈说："你终于把那段曲子弹得像样了。"实际上，这样的话就在无意中涉及了孩子以前的错误或弱点。所以，妈妈完全可以换成另外一种说法，把重点放在孩子现在的优点上："你在那段音乐的开头保持了很好的韵律，我很喜欢！"

原则三：注意自己的热情程度

有时候，妈妈过度热情反而会妨碍孩子的努力。因为在孩子看来，妈妈对他的活动所表现出的持久兴奋是一种压力。

原则四：不要违心地"夸奖"孩子

如果妈妈用珍视的口吻来描述孩子的某一种行为，孩子会一次次重复同一种行为。比如，妈妈不想让孩子再吹口哨，那么千万别说："你的口哨吹得真响！"因为夸奖会带来重复，会带来孩子加倍的努力。

❋ 表扬孩子可以，但一定要把握好度

俗话有"人无完人""良药苦口利于病，忠言逆耳利于行"。实际上，妈妈对孩子提出表扬，其目的在于激励孩子向更好的方向发展。适当的表扬对孩子树立自信心很有帮助，然而有些妈妈过分表扬孩子，孩子对表扬很容易形成过分的依赖，而对于批评，哪怕是善意的批评，也会很容易产生抵触心理。这样的孩子通常缺少自我意识，他们做一点小事都希望获得表扬，否则就不愿意去做。

王女士的女儿在读小学二年级，为了让她在各个方面都有非常好的表现，王女士从不吝惜对女儿的表扬。在家里，不管女儿做了什么事情，哪怕她仅仅取得了微不足道的成绩，王女士也要非常及时地对女儿大加赞扬一番。在与女儿下棋、玩扑克或者做游戏时，都会有意让女儿赢，而且还不停地表扬自己的女儿"你真棒""你真是个聪明的孩子"等，反正女儿做什么，都会获得表扬。当然，在王女士的不断表扬下，女儿的日常表现也确实进步了很多。

然而时间长了，王女士发现，假若她与丈夫没有及时表扬女儿，或者说表扬的方式无法让女儿满意，女儿也会不高兴，甚至大发脾气。令人感到忧虑的是，习惯了获得表扬的女儿，压根没有办法接受他们一点点善意的批评。有时，当女儿在学习上或者是在生活中有做得不对的地方，王女士好心地提醒她，也会让她发怒。后来听老师说，她在学校里也是如此。明明是她自己算错了题，老师对她点名批评，她的反应却超乎寻常地激烈，

有时候甚至还会痛哭流涕。

教育家卡尔·威特说过："我们不能让孩子在受到责备的环境中成长，但也不能让他们整天浸泡在赞美里。"过多过分的表扬，会带给孩子许多的困扰，会带给孩子无名的压力，导致其形成焦虑心理。因而，妈妈对孩子的表扬要适可而止。

每个人都希望被肯定与被表扬，孩子更是如此。表扬对孩子的成长起着至关重要的作用，正确的表扬可以从正面引导孩子的心理朝着大人希望的良好方向发展，这便要求妈妈对孩子的举动认真观察，对孩子的感情需要进行设身处地地考虑，学会赞赏孩子。事实上学会表扬孩子也并不难，关键是妈妈的这种意识是否很强，能否认识到它的重要性。

为了使表扬产生较好的教育效果，妈妈在规范孩子行为的过程中，应准确地把握表扬的尺度，也就是说表扬要适度。

1. 表扬孩子时的感情流露要"浓淡"适度

在表扬孩子时，高度重视感情的作用，尽量做到"浓淡"适度。有时给孩子一个轻轻的微笑，也会起到许多赞美之词难以起到的作用。

2. 表扬和批评的反差要"大小"适度

有的妈妈为了督促孩子进步，总是过分笼统地夸奖别人家的孩子如何好，时间长了，无疑会使自己的孩子丧失信心或产生抵触情绪。这样做是不对的。

3.表扬的方式要"虚实"适度

对孩子的评价应该是公正、准确的，但是，表扬作为教育孩子的一种多功能的手段，在具体运用中可以有一定的灵活性，即在坚持实事求是的前提下，允许有一点"虚"内容。为此，在含有虚的内容的表扬中，应该注意三点：一要有利于增进孩子的自信心，二要不过于脱离实际，三要给孩子指明前进的方向。

第 4 章

不吼不叫，批评不妨加点『责备』技巧

　　孩子犯错了，妈妈有责任批评和管教，但怎样的批评才能既有作用，又不伤害孩子呢？心理专家告诉我们，在批评和尊重之间找到平衡点，了解孩子的承受能力，并选择适合的批评方式，就能够让批评起到自己想要的效果。

❋❋ 批评孩子时，不要拿别人做比较

很多人都见过甚至经历过这样的情况：在街头巷尾看到一个妈妈正大声呵斥着自己的孩子："你看看人家，人家跟你一样大。人家成绩比你好也比你听话。你什么时候能够懂事？"在公众的场合，一点也不给孩子留面子。妈妈总是不经意间将自己的孩子与别人比较，虽然妈妈只是希望孩子变得更好，却让孩子的内心无比受挫，这样对孩子的自信心也是一种打击。长此以往还会让孩子产生自卑心理。

15岁的男孩刘刚，经常出现烦躁的情绪，一不顺心就顶撞父母，而且似乎情况越来越严重。父母很担心刘刚，带他去看心理医生。

在心理医生的帮助下，刘刚说出了心里埋藏很久的话："我学习不太好，在班上属于中等，我妈妈就总拿我跟大伯、舅舅、二姨几家的孩子比。什么舅舅家的弟弟参加奥数比赛拿了第二名了，大伯家的哥哥考上名牌大学了，二姨家的妹妹去北京表演钢琴了，我妈妈整天就反复地夸别人，来刺激我，让我感觉特别难受。我后来听到他们几个的名字就烦，我也不想听到他们又取得了什么好成绩，免得我妈妈又拿来打击我。"

很多孩子是听着父母"你看别人家的孩子如何如何"这样的话长大的，"别人家的孩子"仿佛成了孩子的"天敌"——小时候，比学校、比成绩、比学过哪些技艺……；长大了，比学历、比单位、比工作、比收入……

一个孩子在激愤中写下这样一段话："从小我就有个宿敌叫"别人家孩子"，这个"别人家孩子"从来不玩游戏，从来不聊 QQ，天天就喜欢学习，长得好看，脑子聪明，又听话，还喜欢做家务，每次成绩都第一；不向家里要生活费，领一等奖学金，自己还能打工赚钱；大学毕业后，考上了名牌大学的研究生，公务员考试也榜上有名，还找了一个很有出息的男朋友……我怎么就这么差劲，你们为何生我这样一个不争气的孩子！"

有人觉得，有比较才有进步，家长常常基于这样的想法，以为用别的孩子的长处来比自己孩子的短处，就可以激励自己的孩子。这样做的效果很可能并不能激励孩子，反而让孩子丧失了自尊心、自信心和上进心。

确实，有比较才有竞争，但如果一个人，在班级里要胜过其他同学，长大后要打败身边所有同事，弄得"四面楚歌"，就会活得很痛苦。

每个人战胜的对象，应该是自己。虽然这个过程中难免要跟别人竞争，但人的重点目标不是战胜别人，而是超越自己。在这种心境下，孩子才能取得真正的成功。

有些妈妈出于自私的攀比心理，不能正确对待功名和挫折，如果孩子没有取得家长预期的好成绩，家长便觉得没面子。这样急功近利的思想和教育方法，会让孩子产生强烈的逆反心理，会对孩子的一生产生负面的影响。

妈妈的教育方式是非常重要的。在生活中，妈妈随便拿自己的孩子和别人家的孩子进行比较。在社会心理学家看来，比较的手段在一个人的心理发展中，具有两种重要功能：一是让这个人去认识自己，人都是在与其他人的交往过程中来真正认识自己的，所以，每个人都是以他人为"镜"的。二是让这个人去确立目标，人都需要在与其他人的比较中找到属于自己的人生目标和努力的方向。但是对孩子来说，比较得不好或者是不够合理，很容易给孩子造成心理上的伤害，阻碍孩子的正常发展。

江超和小瑞住在同一栋楼，他们是上下楼的关系，又是同班同学。小瑞天资聪颖，学习也相当努力，所以学习成绩一直都很好。而江超天资比较差，虽然也挺勤奋的，可是成绩怎么也赶不上小瑞。江超的母亲便经常拿江超与小瑞做比较："咱家什么都不比小瑞家里差，给你提供的都是最好的，就是你比小瑞差。"于是，江超便认为自己是一个笨孩子，也越来越自卑，学习成绩也就越来越差。

还有一个比较典型的例子：

马思琪是一名初二的学生，在班级中学习成绩属上游，他平日里学习也很努力，其他方面表现得也不错，在本次的期中考试中，共有5门得了A等，2门得B等，比上次有了明显进步。老师也夸赞他进步了很多，可当他高兴地向妈妈报告了自己的成绩时，本想能得到妈妈的表扬，结果被妈妈训了一顿："在我像你这么大的时候，哪会有你这么好的学习条件？我们辛辛苦苦每天拼命去工作，省吃俭用，都是为了谁呀？我们这样做，还不是指望你能够好好学习，将来能有出息。你看看人家邻居小莎，比你还小一岁呢，门门拿到了A，你怎么就不向人家学习学习，也给我们争口气呢？你真让我们失望！"这下惹怒了马思琪："又来了！我发现我就没有让你们满意的时候。你们什么时候说过我好？反倒经常把小莎挂在嘴边！她好的话，你们认她当女儿好了。"

孩子的话可能会伤害到妈妈的心，但又不无道理。人生在世，没有相同的两个人，各人有各人的天赋，各人也有各人的性格，能力也是有所差别的。如果妈妈只看到自己孩子的短处和缺点，看不到自己孩子的长处和优势，便容易使自己的教育达不到应有的效果，甚至失败。

妈妈最应该做的，是给孩子提供健康有益的生活环境，尤其要注意满足孩子对于亲情、快乐等正面的情感需要。

✱ 评价孩子时，要心平气和地进行

孩子损坏东西非常常见，对自己不小心造成的损坏，孩子都很后悔、很难过，甚至感觉恐惧。这种情况下，妈妈应安慰孩子，而不是批评、指责孩子。这样不仅可以照顾孩子的心灵，还能让孩子吸取有益的经验和教训。而对孩子指责甚至大骂，会让孩子感到恐惧而淡忘了事件本身，更糟糕的是让孩子跟妈妈疏远，再有同样事情发生时，孩子可能选择瞒着妈妈，养成说谎的坏习惯。

以下的小故事可以帮助我们了解成功的妈妈会如何做。

大卫·柯珀菲尔是一名医学科学家，当被问到他为什么比他人更有创造力，他向我们讲述了一段他两岁时的经历。

小小的他试图从冰箱里拿出一瓶牛奶，瓶子上满是水珠，手一滑将奶瓶掉到地上，牛奶洒得一地都是。

妈妈闻声而来，他以为妈妈是来教训他的，妈妈却心平气和地说："谢谢宝贝，我还没有见过这么大的牛奶坑呢，反正牛奶也不能喝了，你想不想在牛奶里玩几分钟？"

他真的在牛奶里玩了一会儿。过了几分钟，妈妈对大卫说："孩子，你知道吗，每次你制造了这样的混乱之后，妈妈都得给你收拾，你愿不愿意帮妈妈清理一下呢？我们可以用拖把、海绵，你想用什么呢？"大卫选择了海绵，和妈妈们一起愉快地清理了地上的牛奶。

接下来，妈妈又对大卫说："你的小手拿大奶瓶，但是没有拿好，妈妈来教你怎样拿。"在妈妈的指导下，大卫很快学会了怎样拿奶瓶。

从那时起，这位医学科学家就懂得，过失是一个学习新东西的机会，因此不要害怕过失。

当孩子出现过失，恰好是妈妈对孩子进行教育的良机。因为过错使孩子内疚和不安，会让孩子更急于得到帮助。这种情况下，他们明白的道理会更深刻。此时的妈妈既不要毫不在意，也不要简单粗暴地训斥孩子，而应该教给孩子弥补过失的方法，让孩子吃一堑长一智。

从某种意义上说，孩子的成长就是不断减少过失的过程。善待孩子，也就是对孩子进行正确引导，避免再次出错。所以，妈妈的心平气和很重要，粗暴的态度不但于事无补，而且伤害了孩子，可能让孩子一错再错。更有甚者，会让孩子形成胆怯、退缩的性格，或者叛逆、攻击等不良心理。

建议妈妈从以下几方面考虑：

1. 体谅孩子的过失

成人都难免出错，更何况不谙世事的孩子呢？所以妈妈在孩子出错时应学会制怒，以平常心对待。心平气和地给孩子分析过失所在、原因，告诉孩子纠正的办法。

2. 区别对待偶然性和主观性过失

偶然性过失是无意之失，对此妈妈应体谅孩子，帮他分析，并教给他正确的处理方法。主观性过失是孩子有意而为，一般主要原因是引起他人尤其是妈妈的注意。对此妈妈应严肃对待，给孩子讲清过失和危害，帮助孩子纠正。

3. 给孩子解释的机会

有的妈妈过于心急，不问青红皂白，不容孩子解释，先打骂孩子一顿。这样的家长很自私，这样做只能发泄自己的怒气，缓解自己的情绪，但对孩子，起不到丝毫的帮助和教育作用。

❋ 批评孩子时，要"偷偷"地进行

妈妈对自己的自尊心往往比较敏感，当孩子有叛逆行为时，就怒不可遏，孩子觉得受委屈、伤面子时，妈妈却认为："小孩子家家的，什么面子不面子！"甚至还有意给他一点伤害，以示惩戒。

其实这是万万不可取的。如果妈妈能够照顾到孩子的自尊心，就可以避免许多不必要的麻烦。

9岁的小维同妈妈购物回来，帮着妈妈将买的东西从车中搬到厨房。妈妈见他抱了一堆玻璃瓶不禁担心："分两次拿，这样会打碎瓶子的。""不会。"小维倔犟地说。妈妈却说："你若不听妈妈的话，肯定会打碎瓶子的。"小维像是没有听见，只是往门里走，刚走到过厅，瓶子就接二连三掉下来，弄得满地狼藉。妈妈不禁火上心头："我告诉你了，你看看你搞得一塌糊涂！"

当瓶子摔在地上时，小维已经认识到自己的失误，这种事实的结果教育，比母亲的事前警告与事后教训的效果都要好。不听妈妈的劝导，打碎了瓶子使得小维很感窘迫。妈妈这时应体会到小维的心情，不要再火上浇油，可以平静地对小维说："碎玻璃容易扎到人，先拿扫帚来扫一下。"将事情引到善后上，不使小维过于难堪。小维会从心里感激妈妈没有"痛打落水狗"。有些妈妈对类似的事情处理得很好，既教育了孩子，又增进了母子感情。

娜娜所在的幼儿园要求孩子从小就穿校服。但娜娜喜欢穿自己的漂亮衣服，于是每天早晨妈妈都要同女儿为此争论。尽管娜娜最终会服从，妈妈却被这件事搞得很疲惫。一天，娜娜对妈妈宣布今天不必穿校服，结果等妈妈带着她来到学校，看见所有孩子都整整齐齐地穿着校服，娜娜鲜艳的衣裙显得格外耀目。娜娜有些踟蹰了，她对妈妈说："我有些肚子疼，我们回家吧。""噢。"妈妈似乎没有听见娜娜的要求，只是自言自语地说，"同学们穿得好整齐。"然后低头对娜娜说："我想过你可能会改变主意，所以把你的校服带来了，要不要去洗手间把它换上？"娜娜的脸上阳光顿现，亲热地吻了妈妈一下，拿起校服跑进了洗手间。此后，妈妈不必再与娜娜为穿不穿校服争执了。

妈妈的这一举动非常聪明，她将女儿不露痕迹地从尴尬中拯救出来，女儿当然会感激妈妈的"侠义"，也为自己"摆脱困境"而庆幸。这样以后再遇上穿校服之类的事情时，也就不好意思再与妈妈争执了。

试想，如果妈妈不给娜娜带校服，留她在学校忍受一天的不自在，回来后还用这一天的感受来教训提醒她，女儿是否会生出反感，产生对抗情绪，而且认为这一天的困窘已经忍受过来了，为了反抗妈妈的"刁难"，再多忍受一天也无不可？如果激发出这样的心态，争执还会继续下去，而且更为激烈。

"不要当众批评孩子"，许多家长对这话并不陌生，但真正做到者却很少。有一位小朋友不知什么原因在舞蹈课上突然不跳舞了，她的妈妈忍不住进教室询问原因，可还是不行，没办法只好把哭着的孩子带出教室。孩子出来后，外面的妈妈们立刻围住孩子和孩子的妈妈又是劝，又是哄，又是教育，妈妈也在一旁也不断地说些教育孩子的话。可孩子一句也没听进去，而且越哭越厉害，一直到下课也没有再进教室。

孩子妈妈以及周围的妈妈都是为了孩子好，可是让孩子一下接受这么多意见，有没有考虑到孩子的感受呢？那应该怎么批评孩子呢？

（1）时刻记着不要当众批评孩子。一是当众批评孩子会伤害孩子的自尊心，使他失去自信。二是孩子的每一个行为都有他的理由，不妨先听听孩子的理由，试着理解孩子，帮助孩子分析问题从而逐渐学会解决问题。

（2）当孩子犯错误时，妈妈可以尝试用手势、眼神进行暗示；也可以用冷处理的方式让孩子自己去调解；还可以把孩子带到无人的地方问明原因再进行教育。

（3）妈妈一定不要忘记了解孩子犯错误的原因。很多孩子犯错是因为害怕、难过，或者不懂自己做的事情的意义，他们也不是故意要让妈妈生气，妈妈要先了解孩子犯错的原因，再对孩子进行教育。

❀ 批评孩子时，要有方法与技巧

有些妈妈面对孩子不用功、不听话，屡教不改时，常常对孩子骂出一些难听的话："你就是一个废物，我们养活你干什么？""你这样以后有什么用，你以后能改？鬼才相信呢！"妈妈一时痛快的气话，很可能对孩子造成终身的伤害，让他们失去了对未来的希望和憧憬，对前途失去信心。

如果妈妈能够从另外的角度，给孩子以鼓励和肯定，孩子就会以卓越的自己来回报妈妈。

大发明家爱迪生小时候是一个有极强好奇心的孩子，每当看到不明白的事。他总要抓住大人问个究竟。

一天，他看到母鸡把鸡蛋放在自己的肚子底下，就问妈妈："母鸡干吗要把鸡蛋放在肚子下面啊？"

妈妈回答说："哦，那是母鸡在孵小鸡呢。"

结果，爱迪生下午就突然不见了，家人很着急，四处寻找，结果发现他蹲在鸡窝里，身下放着很多鸡蛋，父母问他在干吗，他说他在孵小鸡！

父母哭笑不得，把他拽出来，给他洗脸换衣服。

有一次，他看到鸟在天空飞，心想既然鸟能飞，人为什么不能飞呢？于是他找到一种药粉，给一个小伙伴吃，结果那个小伙伴差点中毒，而爱迪生也被父亲狠狠地揍了一顿。

8岁的爱迪生去上学了，在那个乡村小学里，爱迪生依旧是喜欢遇事刨根问底，常常把老师问得哑口无言，无法回答他的问题。老师觉得他成心捣乱，上了3个月的课以后，老师就把爱迪生赶出了校门。

爱迪生的母亲是一位很伟大的母亲，她没有因此而责怪爱迪生，决心自己教爱迪生读书。当她发现爱迪生对物理、化学试验很感兴趣时，就给爱迪生买了大量的有关书籍，爱迪生的科学启蒙从那时候起就开始了。

其实，每一个孩子都是天才，都有自己优异的地方，而很多家长缺少发现的眼睛，缺乏培养天才的能力，于是跟一个个"天才"擦肩而过。如果我们也能像爱迪生的母亲一样，坚信自己的孩子会大有作为，也许我们自己的孩子就能成为"天才"。

当孩子犯错时，如果家长一味地指责、斥骂甚至打孩子，结果会事与愿违。那么，妈妈批评孩子时，应注意哪些方法和技巧呢？

1. 低沉的声音

家长以低于正常的声音批评孩子，反而会让孩子格外留意，也更注意倾听你的话，比大声训斥的效果好很多。

2. 沉默

孩子犯了错，往往认为家长一定会指责他，如果家长真这么做了，孩子反而"如释重负"，觉得"不过就这样了"，而如果家长保持沉默，孩子反而会内心紧张，自己反省自己的错误。

3. 暗示

如果孩子犯错，家长不是指责他，而是心平气和地启发他，更容易让孩子感受到家长的用心良苦，从而愿意接受批评和教育。

4. 让孩子换位思考

孩子犯错后，往往想要推卸责任，以逃避责骂，"是那个谁谁谁让我干的"。此时最有效的办法是告诉他："如果你是他，你怎么解释这件事？"让孩子自我思考，并反省自己的错误。

✿ 评价孩子时，不要用"好"和"坏"

很多妈妈喜欢用"好"和"坏"来评价孩子，却没有仔细想过一个怎样的孩子才算是一个好孩子、一个怎样的孩子才算是一个坏孩子。一个学习不好但是很热心，总是喜欢帮助别人的孩子算是一个坏孩子吗？一个学习很好但同时又满嘴谎言的孩子算是一个好孩子吗？我们发现，笼统的好坏是说明不了一个孩子真正的优劣的。因此，用这两个字进行评价是一种定性的、静态的评价，对于可塑性很强的孩子来说是不合理的。

由于孩子的可塑性很强，妈妈简单的好与坏的定性就很容易给孩子的成长造成一系列不好的影响。比如，那些学习好的孩子，由于经常听到妈妈夸奖他们是好孩子，很可能会下意识地认为，只要学习好，就是一个好孩子，从而不会在道德上严格要求自己。再比如，那些不听话的孩子，由于经常听到妈妈指责他们是坏孩子，也可能会因为这句话而自我放弃，去犯更多的错误，破罐子破摔。

其实，孩子听话不听话、学习成绩优秀与否，都和他的品性没有直接关系。并且，由于成长环境和家庭教育的影响，很多孩子身上存在一些缺点也是正常的。妈妈不能因为孩子的缺点和所犯的错误，就将孩子定性为坏孩子。

李强今年14岁了，刚上初中。父亲在他6岁的时候因车祸离开了他，母亲也在他10岁的时候改嫁，李强跟着奶奶过活。他上课时经常干扰课堂秩序，下课还打别的同学。大部分老师都觉得李强是个典型的"坏"孩子，放弃了对李强的教育。这时，语文老师想了一个办法。

一天，数学课之后是语文课，语文老师非常高兴地走上讲台对全班同学说："刚才张老师回办公室后对我们说了一件事情，我和其他老师都惊呆了。"

这时，班里安静下来，等待着语文教师公布惊人的消息。

"张老师说，上节课一个同学的表现，让他感到非常意外！"

班里更安静了，大家都在猜测着是不是谁在老师面前告了某同学的状。

"这个同学就是李强，张老师说上节课李强不但没有来回走动，还认真地听讲。我和张老师同事这么多年，都没见他这么高兴过，也让我们为李强同学的进步鼓掌！"

顿时，班里掌声四起。在接下来的语文课上，李强虽憋得难受但还是忍住了，没有来回走动。语文课结束后，语文老师说："刚才张老师夸李强同学时我也不敢相信。这节语文课上李强的表现可以做证，李强同学是好样的！"

一个优秀的孩子不会因为一句"真是一个好孩子"而变得更加优秀，一个缺点很多的孩子却会因为一句"真是一个坏孩子"而自我放弃。

在一个少管所里，一位15岁的少年沮丧地对心理医生说道：

我以前不知道不经过别人的允许从别人家拿东西就是偷，我从邻居家拿了他家儿子的变形金刚，邻居家的阿姨说了我一整天，说我小小年纪，就偷别人家东西，坏到骨子里了。后来周围的人都说我坏，甚至我的爸爸妈妈也说我是一个坏孩子，后来我也觉得我真坏，不可能做一个好孩子了。

总之，不管是哪种情况，简单的好和坏都不会起到教育孩子的作用。所以，不要用"好"与"坏"评价孩子，当评价孩子时不妨让评价的内容具体化，以免以偏概全，而且也有助于孩子自己发现缺点并改正。

妈妈如果不管什么事都定性地用"好"与"坏"来评价孩子，会让孩子产生免疫力，无法产生理想的结果。因此，评价孩子时要常换词语，进行具体地评价，让孩子明白他哪儿做得好、哪儿做得不好，这样才能再接再厉或者努力改进。

✳ 批评孩子时，请远离"冷暴力"

孩子的成长离不开父母一点一滴的栽培。父母应该明白，教育也要有适度的把握，如果把握不当，"冷处理"就容易发展为"冷暴力"。当孩子做错事的时候要跟他讲道理，可以适当"冷处理"，但切忌用"冷暴力"应对。

很多父母都明白，在家庭教育中，最忌讳的做法就是对孩子使用暴力。可是，只要我们细心观察，就会发现，家庭"冷暴力"在不知不觉中已经开始泛滥了。

孩子犯了错，父母没有挥舞手中的棍棒，也没有任何过度的责骂，但是冰冷的表情、无情的挖苦却像一把把锋利的匕首，深深刺痛了孩子脆弱的心灵，孩子的自卑、恐惧、羞怯等心理就这样悄然发芽了。

诚诚的妈妈觉得，8 岁的男孩子应该学会独立，不能总是依赖大人，免得将来长大了，自理能力很差，于是总是拒绝给诚诚拥抱与抚慰。

诚诚的学习成绩很不错，学习主动性高，妈妈很少督促他。妈妈除了吃饭的时候和诚诚聊几句，其他时间很少和诚诚坐下来聊聊天。有时候，妈妈对诚诚爱理不理，时间一长，诚诚产生了被妈妈抛弃的感觉，经常做噩梦，情绪不稳定，不愿和人说话。妈妈每次看完诚诚的成绩单后也从来不发表任何意见，好像什么事情都没发生。诚诚不知道妈妈对自己的成绩是否满意，心里胡乱猜测，由此变得烦躁不安。

在教育孩子方面，很多妈妈都深知打骂教育起不到好的效果，于是对孩子采取"冷暴力"的教育方式。当然，她们自己对此却浑然不知。其实，"冷暴力"虽然没有像打骂孩子那样伤害到孩子的身体。但是如果父母表现出过多的冷淡、轻视、疏远和漠不关心，更会造成孩子精神和心理上的莫大的伤害。由于心理压力过重，患忧郁症、强迫症、焦虑症等各种心理疾病的孩子越来越多，甚至产生暴力倾向。

"冷暴力"的形成通常都是亲子之间缺乏沟通的一个表现。很多家长只是一味地要求孩子顺从，并没有真正去了解他们。如果妈妈试着与孩子沟通交流，效果会大有不同。

（1）营造一个健康的成长环境。环境的好坏对孩子的健康成长至关重要，家庭关系和谐，家庭氛围轻松，父母之间彼此相亲相爱，孩子也会在这种温馨的氛围中快乐成长。

（2）多与孩子沟通，多激励孩子。防范"冷暴力"最主要的就是和孩子多多沟通。即使孩子的学习成绩不佳，也要多鼓励孩子，少指责孩子，多以"你做得很不错"等语言激励孩子。另外，还可以和孩子一起参加亲子活动等。

（3）学会自我反省。教育孩子是需要不断学习的一门科学。妈妈应该多从自己的教育方式和方法上寻找问题，找出自我不足的地方，并加以改进，提高自我素质，才能更好地用对方法。

（4）向孩子承认自己的错误并道歉。如果家长错怪了孩子，应该及时向孩子道歉。比如说："对不起，是妈妈考虑得不周全，没顾及你的感受，请你原谅。你愿意给妈妈一个机会吗？"

❉ 批评孩子时，这样教育孩子才听话

对犯错误的孩子的教育方法就是：感化，说服，再感化。也就是妈妈要重视与孩子的情感沟通。注意，妈妈与孩子沟通时，应该入情入理，千万不能空洞说教，以免孩子反感。

假设你是一个四五岁的孩子，妈妈带你到小区花园玩。你生一个玩伴的气，因为他推了你一把，或者嘲弄你，于是你把玩具扔到他身上。这时候，妈妈刚好看见你的举动，她对你的不良行为有两种不同反应。

妈妈的第一种反应是，她很生气，小玩伴的父母可能也在旁边，妈妈为了惩罚你，打了你一下，骂道："你这孩子怎么这么粗鲁呢！"

你的想法是什么？可能是："妈妈不分是非黑白就打我，她不看看那个混蛋是怎么对我的，我恨妈妈！"或者是："可能我真的很坏，坏到应该被打骂，妈妈不会爱我了。"

妈妈的第二种反应是对你说："你很生小玩伴的气，所以你用玩具扔他，这是粗鲁的举动，而且不能解决问题。你可以礼貌地告诉小玩伴你为什么不高兴，你能做到！"

这时，你可能想："妈妈理解我生气的心情。她不让我报复他，但是她觉得我可以告诉他我的感受。或许我应该这么做。"

这是两种很不一样的内心活动。妈妈的第一种反应使孩子相信他做错

了事情，所以要被暴力惩罚。第二种反应则教他如何处理矛盾和分歧：坚定但不使用暴力。

和体罚同样罪恶的是语言暴力，任何时候都不应该对孩子进行人身攻击，不能骂他"蠢材""坏孩子"。要让孩子知道，你限制或者批评他并不代表你不爱他，你是针对他的不当动机及行为，而不是针对他这个人。这样孩子才会知道如何改变自己，不至于误解父母是针对他发怒，导致幼小的心灵受伤害。

面对不听话的孩子，我们伤透了脑筋。大部分妈妈知道，对孩子不能打，不能辱骂。儿童心理学家告诫我们，一个不快乐的童年会造成多么严重的后果，我们深深担忧自己会毁了孩子的一生。

面对孩子的错误，妈妈们可以参考以下步骤。

（1）解决问题前，先给自己一些心理暗示。"我要尽可能接纳和倾听孩子，这样我可能会得到一些以前忽略的感受，唠叨不能解决任何问题；我会考虑任何新的想法，不管这些想法是否能实现。"

（2）开始之前，先问一下自己："我现在是否足够冷静？有没有其他情绪？然后询问孩子的情绪："你现在想和妈妈讨论这件事吗？"

（3）耐心询问孩子的感受和需求："我想你大概觉得……"

（4）把自己的想法简短地表达出来，"我的感受是……"

（5）共同商量，把双方的想法都写下来，这能让孩子感到被尊重。

（6）一起看看这些想法，说出自己能接受哪些建议，不能接受哪些建议，并说出各自的理由和感受："这个让我感觉不舒服，因为……""这个我认为可以做到……"

（7）跟踪执行。完成这些计划应该怎样执行，还需要做什么，谁来负责，都要明确。

这样，我们以身作则，向孩子传授了一套解决问题的方法，他们会把理性的思维运用到自己的生活中去。

批评孩子时，要让孩子心服口服

10岁的蔡小佳已经读四年级了，妈妈总是为她那不好的数学成绩而着急。观察过蔡小佳的几次数学试卷后，妈妈发觉蔡小佳每次都会犯同一个错误——粗心。于是妈妈曾经这样指责蔡小佳：

"眼睛是做什么用的？你看看你总是这样不小心，细心点能死吗？"面对妈妈的呵斥，蔡小佳感到非常委屈，只是低着头保持沉默。

后来，有一次蔡小佳再次拿着数学成绩单回到家中，当妈妈正在查看她的数学成绩单时，蔡小佳在一旁小心翼翼地说：

"妈妈，老师让交50元钱的班费。星期天老师带全班同学去美术馆参观。"妈妈看到蔡小佳再次犯了粗心大意的毛病，非常生气。不巧的是，妈妈想起刚买完菜，手里仅仅剩下几元零钱了，因而就没好气地对蔡小佳说：

"今天妈妈没钱。"

听到妈妈这样的答案，蔡小佳感觉是因为自己数学没考好，所以妈妈才不想让自己去的。下午蔡小佳就对老师说美术馆参观的活动她不去参加了。实际上是由于妈妈忙其他的事情，把女儿参观美术馆的事情给遗忘了，而蔡小佳还是感觉是自己数学没考好，所以妈妈才想这样惩罚自己的。从此以后，她就更没有兴趣学数学了。在期中考试中，蔡小佳的数学成绩排名倒数第一，她非常害怕，下午放学后也没有胆量回家，就在教室里一直干坐着，直到妈妈找到学校。

教育家卡尔·威特认为，对孩子进行批评，其目的是要让孩子心服口服。这听起来非常简单，做起来却很不容易。为此，妈妈要做到以下几点：

1. 批评孩子要注意时间和场合

批评孩子要注意时间和场合。批评时间应避免在清晨、吃饭时、睡觉前；批评场合应避免当着孩子同学朋友的面、当着众多亲朋的面、人多的公共场合。

2. 批评孩子之前要让自己冷静下来

只有内心冷静，妈妈才能对孩子的行为有一个公正、客观的评判，才有利于问题的解决。

3. 要给孩子申诉的机会

孩子犯错后，妈妈不要急着说教，应给孩子一个申诉的机会，允许孩子说出自己的心理感受，这样妈妈会对孩子所犯的错误有一个更全面、更清楚地了解，批评才会有针对性，教育效果也会更好。

4. 批评孩子之后要给予安慰

当批评完孩子后，妈妈要及时安抚孩子的情绪，如说些"没关系，知道错了改正就行""妈妈相信你以后不会这么做了"之类的话。

✹ 批评孩子时，要有宽容之心

妈妈在教育孩子的时候，一定要有宽容心，千万不能采用专制、暴力的方法，因为这对于解决问题是无济于事的。只有温和、宽容地对待孩子，采用正确的疏导方法，才能够取得好的教育效果。

一位老教师讲过一个故事：

有一年暑假，我 10 岁的孙子住在我家。一天，我发现自己归整的一摞旧报刊不见了。我问老伴，老伴说没在意。老伴问孙子是否看见了，孙子吞吞吐吐地说："没……没看见。"

我见状，心里明白了八九分，只是叨念着："那摞报刊有几份资料挺有用，真可惜。"此后，我对此事一直没再提，但我敏感地意识到孙子正受着内心的责备。

暑假快结束时的一天，孙子来到我的身旁，低着头说："爷爷，我做错了一件事，我撒谎了，那摞报纸是我卖的，一共卖了 8 元钱，我没敢花，现在给您。"我爱抚地摸了摸孙子的头，缓缓地说："爷爷原谅你了。去，把钱交给奶奶让她买菜用吧！"

尽管孙子现在已经是一位事业有成的工程师了，但孙子至今都记得这件小事。

学会宽容孩子非常有必要。当孩子做了错事后，妈妈应该以一种宽大的胸怀包容孩子，而孩子的内心感到自责，感到悔恨，从而会改正错误。妈妈学会宽容，才能用宽容心去理解孩子，才能用谅解去感化孩子，这要比对孩子无休止地唠叨与打骂好得多。

孩子是受教育者，他是在不断改正错误的过程中进步和成长的。孩子犯错误一般是不自觉的，或者对错误的后果认识不够造成的。所以，父母应该对犯了错误的孩子有一颗宽容心，谅解孩子。

研究表明，孩子犯错误或有过失时，正是教育孩子最有效果的时机，但父母要选择恰当的教育方法。有智慧的妈妈有一个教子秘诀，就是用谅解感化孩子的过失，必要时，甚至为孩子的错误和过失保密，以免伤害孩子的自尊心。在这种情形下，有过失的孩子会吸取教训，加倍努力，进步很快。

孩子犯错误时，妈妈如果以暴力与专制的方式对待他，只能让孩子心中充满恐惧和怨恨，只有宽容才能让孩子感觉到父母的力量，这种力量与皮鞭无关。也只有这种力量才能让孩子敬重、信服，并为父母感到自豪。

宽容孩子并不是对他的错误放任不管，而是孩子有了错误或过失时，允许他有一个认识、反省的时间和机会。

✲✲ 批评孩子时，不要翻旧账

生活中，很多妈妈教育孩子时喜欢旧账新账一起算，好像认为只有把孩子很久以前犯错误的老账拿出来，统统数落一番，孩子才能记住自己的错误，能更深刻地认识错误并加以改正。事实上，这样做并不能最终解决所有的问题，甚至会让孩子"记仇"。

窦窦妈妈接到了老师的电话，窦窦又惹祸了。

原来，今天窦窦参加学校运动会时，为了得第一名，先后推倒了两个和他一起赛跑的同学，其中一个同学摔破了鼻子，血流不止，正在学校医务室里观察，那个孩子的家长正怒气冲冲地等着找窦窦的家长算账呢。

妈妈急匆匆来到学校，在办公室里看到了老师和窦窦。老师说："我已经批评过他了，窦窦也认错了，您就先别说他了，还是赶紧带着孩子去医务室给那位家长道歉去吧！"

妈妈拉起窦窦就朝医务室走去，刚来到门口，就听见那个孩子说："就是他！就是他把我推倒的，呜呜呜……"窦窦低着头，一言不发。

那个孩子的家长看见窦窦妈妈，没好脸色地说："您家儿子力气可真大，轻轻一推，就把我儿子弄成这样了，流了这么多血。为了拿第一名，就可以这样伤害自己的同学吗？"

面对对方家长的步步紧逼，妈妈除了赔礼道歉之外，别无他法："是我家孩子不对，是我没教育好，太对不住了，这是 500 元钱，拿去给孩子买点营养品吧，我回去好好教育我们家孩子！"

好说歹说，这件事才就此平息。妈妈带着窦窦回家，一进家门，她就再也控制不住了，把刚才那些唯唯诺诺、低眉顺眼全都抛开，向窦窦大声吼道："你能不能不要再这样了？怎么就这么自私霸道呢！从小到大，这样的事情发生过多少次了？幼儿园时，你把同学推下滑梯，我赔了人家两千多元钱；小学一年级，你把石子砸到同学脸上，我挨了人家家长多少骂；小学二年级，你拿水彩笔在同学身上乱画，我出钱给人家买新校服，今天又赔出去 500 元钱，你这孩子到底是怎么回事？"

"我只是想拿第一名，让你开心一下。"窦窦说。

"第一名是这么拿的吗？你这孩子怎么一点儿道理不懂！"妈妈愤愤地说。

"不懂就不懂，你就知道吼我！"窦窦却顶嘴道。

妈妈被孩子的不良行为惹得一时气急，下意识地回想起种种过往，不吐不快，也是可以理解的，但通过不断地提醒孩子所犯的错误来批评孩子，是一种不恰当的教育方法。

妈妈对孩子的教育并不是要求孩子做任何事情都不能犯错误，而应该教导他如何让自己少犯错误，怎样从错误中得到经验、吸取教训，争取不再犯同样或类似的错误，当孩子能做到这点时，家庭教育也就收到很大的成效了。而妈妈翻旧账的行为常常引起孩子内心的反感，错误地把妈妈的提醒看成是自己永远无法摆脱以前所犯的错误的罪证，最终使批评的效果大打折扣。那么孩子犯错时，妈妈们该怎么办呢？

1. 克制情绪，就事论事

在孩子犯错误时，妈妈要尽量克制住自己的冲动情绪，就事论事地解决问题，一次只关注一个问题，不要去翻旧账，否则会把一个问题增加到两个甚至多个，加大解决问题的难度。

2. 批评要客观

孩子和大人——被批评者和批评者，应该处于平等的地位，正是基于这一点，妈妈才能保持态度上的严肃认真和心平气和，对孩子的教育才能立足现实的基础，做到客观公正，而不是主观地意气用事。

3. 对事不对人

让孩子心服口服地改正错误才是批评的目的，只有对事不对人的批评，方可达到这种效果。如果孩子只是做错了一点小事，便被指责为道德败坏、无药可医、一无是处，孩子会做何感想？原本刚刚产生的愧疚感、后悔心全部都会因为妈妈对自己的全盘否定而变成怨恨，甚至会产生一种"破罐子破摔"的想法，更别提心服口服地去主动改正错误了。

4. 别拿以前看以后

有些妈妈经常会说出这样的话："你以前就是这样，什么都只顾着自己，一点都不会照顾别人，这一次还是如此，我看啊，你以后也就这样了，没法对你抱有希望了！"这样一句话定了孩子的终生，等于是用孩子以前的错误去预言那些尚未发生的事情，不给孩子去完善、改正自己的理由和动力。批评教育的最后应该把重点放在发现孩子的长处、鼓励孩子进步的基础上，这样才能使孩子形成乐观向上的品格。

第5章

情绪疏导，留心孩子的每一个表情

情绪是一种心理能力，每个人都会有。情绪不仅包括积极的情绪，也包括消极的情绪。情绪状态的发生每个人都能够体验，孩子自然也不例外。而且孩子的情绪变化更大，当孩子出现消极情绪时，作为妈妈，应该做好积极的疏导。

❋ 照顾孩子的情绪，不要拿孩子当"出气筒"

　　吃完晚饭后，肖娜在给儿子俊磊放好儿歌后，就去给俊磊做毽子。那首儿歌好像很短，不过一会儿俊磊就不停地叫妈妈给他再放。肖娜放了几次之后，也就没有管俊磊了，而是专心地做毽子。

　　等到过了10分钟肖娜想起俊磊的时候，发现他已经把护手霜抹在了脸上、衣服上，沙发上也被弄得到处都是。最让肖娜生气的是，电脑也被儿子弄关机了，而且上面也有护手霜的痕迹。肖娜生气地冲儿子大吼道："你看你像什么样子，一瓶护手霜都被你浪费了，看看你的衣服上、脸上，快点自己把脸洗了去。"

　　俊磊洗完脸后就上床了，睡觉之前肖娜都会讲几个故事给他听。肖娜就这样一个接一个地讲着，讲得自己都快睡着了，俊磊还是让她接着讲。突然，肖娜想起阳台上的衣服还没有收，就去收衣服了。衣服还没有收完，肖娜就听到俊磊在屋子里撕书的声音。当肖娜跑进去的时候，俊磊已经把书撕得差不多了。看到俊磊怨恨的眼神，肖娜把要骂出口的话咽了回去，摸着俊磊的头说："俊磊是不是对妈妈有意见呀？以后妈妈不在你身边，你可以大声地喊妈妈，但是不可以这样乱撕乱弄，因为这样妈妈会不喜欢俊磊的。"

　　"妈妈，我再也不这样做了，我要妈妈亲亲。"肖娜亲完了之后，俊磊就安静地和肖娜一起睡觉了。

　　当孩子发脾气的时候，一些妈妈可能会这样想，也会这样说："我辛辛苦苦地把你拉扯大，给你吃，给你喝，你还有什么不满意的？有什么资格和我发脾气？"也会有一些年轻的父母觉得孩子的脾气越来越坏了，已经到了无法容忍的地步。为了让孩子改掉这种习惯，他们常常粗暴地打断孩子所表达的愤怒和不快，甚至会大打出手。

实际上，这些都是错误的。因为，每个孩子都有他们自身的需要，他们也需要发泄自己的不满和愤怒。所以，妈妈要先学会接纳孩子的愤怒，容忍孩子发脾气的行为，让孩子的不满得到更多地宣泄，这和毫无原则地溺爱完全是两码事。

其实，当孩子已经愤怒了，已经做错了一些事情后，家长发再大的脾气也于事无补了，并不能真正地解决问题，也不能避免同样的事情再次重演。而大声责骂孩子，还可能会产生新的问题，如造成孩子胆小、恐惧等。还有很重要的一点是，经常对孩子乱发脾气，会给孩子树立一个不好的榜样，对孩子以后的发展是很不利的。

1. 不要打孩子

当孩子愤怒时，作为妈妈，一定不要轻易对孩子发脾气，更不要打孩子。很多时候，棍棒下面出的不是孝子，而是"暴君"。也许就是你的一巴掌，拉开了你和孩子之间的距离。

2. 控制自己的情绪

当看到孩子处于愤怒状态的时候，首先要问一下自己是否生气了，是否愿意心平气和地去和孩子沟通。如果自己的情绪状态不好，那么就应避免和孩子接触。因为，妈妈很容易把自己不好的情绪爆发在孩子的身上。当妈妈感觉到疲惫或者是有烦心事的时候，要尽量主动远离孩子。

3. 提前给孩子一个警告

在你要发脾气的时候，可以提前和孩子这样说："妈妈都快忍不住发火了，你还在……"或者是"我今天心情有点儿差，你聪明点儿，最好别等我发脾气了……"这样也会让孩子有所收敛，而你把自己的心情讲出来，也不会那么压抑。

4. 把"不要生气"这样的提示物放在看得见的地方

妈妈可以把"不要生气"这几个字写在一张大纸上，每天都提醒自己。或者是把某个东西喻为自己不生气的提示点，看到这个东西，就要告诉自己不能随便对孩子发脾气。这样的方法虽然很土，却也是最有效的。

人在愤怒的时候，所接受信息的通道会变得很狭窄，对信心的认知也会有偏差。面对孩子的愤怒，妈妈一定要理智。非理智状态下处理问题，不仅让孩子接受不了，等到自己恢复理智的时候，也会觉得自己很不可思议。

❋ 孩子得意时，妈妈别总"泼冷水"

西方有句名言："人的一生一定要努力避开那些时常泼你冷水的人。"这是因为，如果一个人经常被泼冷水，他的心灵就会受到极大的伤害，而这种伤害对一个人的影响几乎是致命的，尤其是在一个人的孩童时期，这种伤害会深深地影响孩子性格的形成，从而影响孩子的一生。其实，这句话也从侧面给了父母一个提示，那就是"不要经常给你的孩子泼冷水"。

泼冷水会打击孩子的好奇心。孩子对这个世界充满了好奇，一般情况下，他们都很乐意去探究这个世界的秘密。当然，他们大多数的努力是稚气的，有的甚至是徒劳的。可是，作为父母，要理解孩子，允许孩子去做一些徒劳的事情，甚至陪着孩子一起去做这些事情，而不能在孩子稍有尝试时就打击孩子，认为他的所作所为是可笑的，是没有价值的，进而嘲笑孩子，这会让孩子逐渐丧失对这个世界的好奇心，变得没有活力。

泼冷水会打击到孩子的自信心。没有人会在别人的一再否定之下培养起自信和乐观的品质，大多数人在此情况下会变得自卑消极，孩子更是一样。孩子需要家长的肯定，如果家长经常给孩子泼冷水，否定孩子，会让他更加不自信，甚至自卑。

泼冷水会打击到孩子的进取心。孩子在出现困难的时候，需要父母的鼓励，这会让他感受到父母的爱，并从中获得前进的力量。如果父母这时候没有给孩子鼓励，而是给孩子泼冷水，讽刺孩子不如别人，会让孩子感到很无助，心里极度沮丧，从而丧失了克服困难的勇气。

看看下面两个例子，你就会明白泼冷水是万万不可以的，同时，也会让我们看到如果父母在面对孩子幼稚的行为时不泼冷水，而是温柔地看待，会给孩子带来多大的鼓励。

一日，家里有客人，喜欢热闹的小阳特别兴奋，又蹦又跳，时而还唱几句儿歌。或许是怕吵到客人，小阳的妈妈当着客人的面，对着小阳大声训斥："你唱得难听死了，还不赶紧回自己屋里去！"听到这句话，原本开心的小阳脸"刷"地就红了，赶紧住了口，一溜烟躲进自己的房间里去了。从此，小阳再也不敢当众开口唱歌了。

像小阳这样的孩子很多，他们就是人们常说的"人来疯"，家里一来客人就会兴奋不已，这样的孩子有着很强的表现欲，希望在更多人面前表演，得到更多人的表扬。父母要学会理解他们的行为，并给予一定的鼓励。如果他的做法确实影响到了客人，也不要训斥，而应该采用讲道理的方式让孩子安静下来。这样，就不至于伤害孩子的自尊心。

孩子的想法可能是离奇的、夸张的，但那却是他们探究世界的方式，正是儿时这些想法推动着他们对未知世界的认知。作为妈妈，一定要保护孩子的好奇心，保护孩子的自信心，不能给孩子泼冷水。

同时，妈妈们应该了解，我们是孩子在这个世界上最亲的人，我们的鼓励更能让孩子进取，同样，我们的讽刺打击也更具有毁灭性，所以，妈妈们一定要多多鼓励孩子，不要老是给孩子泼冷水。

✱ 孩子哭闹时,妈妈这样做孩子会冷静

一名刚从学校毕业不久的幼儿园老师丁宁,遇到了一件很让她头疼的事情。丁宁接手这个班不到一个月的时候,就有一位新的小朋友从其他的地方转来。

每天早上,妈妈送他来幼儿园的时候,这位小朋友都会抱着妈妈哭闹不止,甚至会追着妈妈跑回去。丁宁哄过他,也恐吓过他,只要是能想到的办法都用过了,可是这位小朋友还是哭闹不止。

一连几个星期,幼儿园的每个早晨都是在这位小朋友的哭闹中开始的。一天,丁宁看了一篇文章,突然觉得自己有办法对付这位小朋友了。第二天,这位小朋友来的时候,丁宁什么也没有说,只是抱住了他,轻轻地拍打着他的背。几分钟过去之后,这位小朋友突然不哭闹了。接着,丁宁轻声地劝说他去和其他的小朋友一起玩。就这样,这位小朋友在幼儿园里快乐地玩了一天,在放学的时候还和丁宁说"再见"。

孩子的胡搅蛮缠会让家长很头疼,所以一些妈妈看见孩子无理取闹时,就会大喊一声:"别闹了!烦不烦人呀!"虽然这样也可以让孩子平静下来,但是却会让孩子产生恐惧心理,甚至一些小孩会借势哭得更大声。那么这个时候你又该怎么做呢?以暴力来制服孩子吗?

一位教育专家说过:"对一些孩子来说,咬咬大拇指、抚摸一阵毛毯、坐在妈妈的膝盖上听一个故事就能平静下来,而另一些则可能需要尖叫一阵,如果尖叫能够阻止他们把东西砸坏,尖叫也行,因为最终的目的是教

孩子学会镇静下来的办法。"所以，让孩子平静下来，妈妈要给予孩子适当的帮助，而不是在孩子哭闹的时候冷漠地观望，或者是站在那里手足无措。

可是有时，就算你以为找到了让孩子平静下来的有效方法，也许这个办法在家中还是有效的，但当孩子在超市突然大发脾气时，你还是会有一种不知所措的感觉。因此，我们需要再向专家学几招。

1. 微笑着紧紧抱住孩子

每个妈妈都知道，当孩子还在襁褓中的时候，紧紧地将他们抱在怀里，不一会儿他们就会停止哭泣。其实，这个方法同样也适用于大一些的孩子。比如，当孩子不小心摔了一跤或者是碰破了某个部位时，孩子可能会大哭大叫，这个时候，你可以笑着抱住他，然后拍拍他的背，他就会慢慢地安静下来。

在抱住孩子的时候，妈妈可以适当用点儿劲，让孩子感受到你对他的在乎。但是，也不能太用力，否则会弄疼孩子的。

2. 让孩子模仿自己做深呼吸

孩子在哭闹的时候，不管家长说什么话都不愿意听。看着孩子在莫名其妙地哭，家长可能既着急又生气。其实，你可以蹲下来，看着孩子的眼睛，认真地做几次深呼吸，这时，孩子可能会觉得好奇，而模仿你的深呼吸。一会儿，孩子就会安静下来告诉你发生了什么。

3. 把食指放在嘴边给孩子暗示

把食指放在嘴边，并发出"嘘"的声音。这个动作每个人都会做，可是我们在教育孩子的时候却往往忽略了它。妈妈刚开始做这个动作的时候，孩子可能不理解，但是在你做了几次之后，孩子就会慢慢明白你的意思，并且比你直接告诉孩子闭嘴要好得多。在做这个动作的时候，妈妈也可以小声地告诉孩子："嘘！宝宝再哭就不可爱了。"时间久了，你会发现遇事的时候孩子也会做这个动作，还笑着看向你。

以上这些方法只能帮助孩子平息他们的情绪，想要孩子下次不再乱发脾气，主要还是要让孩子知道怎样控制自己的情绪，这样妈妈才不至于每次孩子发脾气的时候都提心吊胆。不过妈妈们也要明白，孩子适当地通过哭闹来宣泄情绪也是可取的，有的时候，孩子把情绪释放出来也很重要。

✳ 不要嘲笑"爱哭"的孩子

有的孩子好像天生泪腺特别发达，动不动就哭哭啼啼的，而且可以达到只需 3 秒钟就能落泪的程度。一般小孩子完全不以为然的事情，却往往会触及这个爱哭孩子的小小心灵，催动他的泪腺。例如，玩球的时候抢不到球、玩单杠时抓不到单杠、溜滑梯的时候被别的小朋友插队，甚至是跟其他小朋友打招呼却得不到回应等，都可以让他的泪水夺眶而出。

有些妈妈为了刺激孩子，让孩子变得勇敢一点，一开始会用激将法："爱哭鬼，羞羞脸！""这又没有什么大不了的，有什么好哭的！""长这么大了，还这么爱哭！""你这么爱哭，别的小朋友会笑话你！"结果，这些"激将"的话并没有发挥作用。渐渐地，妈妈就会不耐烦地对他说："不要再哭了！"在日常生活中，我们常常会见到上述这种情况。

在多数成人的眼里，"哭泣"就等于弱势、懦弱、不够坚强、不够勇敢，尤其是男孩子。但是，从心理学角度来看，"哭泣"十分必要而且还有着正面的意义。爱哭的孩子感情细腻、丰富，也比较感性，所以会比一般的孩子更注重细节，而且会通过"哭泣"的方式让周围的人知道他的感受。因此才会有"爱哭的孩子通常会长得特别好"的说法。

眼泪是孩子成长中不可避免的，妈妈不需要过度担心，也没有必要去嘲笑或制止孩子的"爱哭"行为。试想，人为什么会哭呢？哭泣是难过或愤怒等情绪的具体表现，也是发泄这些情绪的通道。要求一个孩子在沮丧、难过或悲伤的时候不要哭，只会让孩子变得郁闷、压抑，或者更爱哭。

有的孩子因为害怕被父母责备，所以在犯了错之后会忍住不哭；有些孩子听到大人说"你是大人了，不可以哭啊！""勇敢的孩子是不会掉眼泪的"，为了表现勇敢，就会忍住泪水；还有些孩子则是害怕被嘲笑或感觉丢脸，而强忍着悲伤的情绪不敢哭。然而，不会哭的孩子内心其实倍感压抑。

所以，不管你的孩子遇到的挫折多么微不足道，当他想哭的时候，就让他哭个够吧。等到眼泪流够了、情绪平复之后，他很快就会打起精神来的。

在生活中，有些妈妈看到孩子掉眼泪，总是希望孩子快点停止哭泣。但是，让孩子控制情绪不哭又会使他感到压抑。那么，妈妈们到底该怎么做呢？

这个时候，妈妈最好的响应就是体谅孩子的心情。例如，对他说"你一定感到很难过，对不对？""一定很痛吧？"等抚慰性的言语，帮他说出心声与感受，了解孩子哭泣的原因，这样才能够及时让他的情绪得到平复。

所以，当孩子"动不动就掉眼泪"时，妈妈不要脱口便说："哎哟，都这么大了，还这么爱哭！"相反地，应该把握时机对他说："没想到你这么大了，还是这么感情丰富啊！"

有时候，换个角度、换个说法，就能把孩子的缺点变成优点。

✱✱ 发生冲突时，正确的沟通技巧

在解决亲子冲突的过程中，妈妈不必扮演圣人的角色，但若想和孩子顺利沟通，妈妈就需要懂得自制，态度和平，因为这是在树立角色模范。

但当情况令人不安时，妈妈就该先检讨自己的信念是否过于窒碍难行。只要保持沉着冷静，很快就能理出问题的症结，然后利用询问、倾听、简洁陈述、引导等沟通技巧，找出解决问题的线索，并加以解决。

1. 以询问的方式，引导孩子说出感受

设法询问孩子，而不是做一项声明。"发问"可以刺激孩子的思考和感觉，让孩子变得比较独立和负责。例如，当妈妈想告诉孩子"那幅画很漂亮"时，可改用提问题的方式询问"你觉得那幅画如何？"

又如，当孩子觉得课业很无趣，却又不知如何表达时，妈妈不要急着告诉他"学校里还有很多有趣的事"，而是要问他"你最喜欢哪一门课？"然后让孩子自己思考答案。如果孩子的词汇有限。思考了许久仍找不到合适的措辞，妈妈可以在旁加以引导，帮助孩子说出自己的想法。

利用提问题来引导孩子说出答案的方式，会让孩子觉得父母明白他的心理感受，可避免亲子之间因为单向式的沟通而产生冲突。切记，发问的要诀在于：提出问题而不是告知，且需保留时间给孩子思考，并引导孩子说出答案。

2. 简洁陈述重点，会使孩子更有信心沟通

倾听并提出问题，有助于妈妈简洁地记下孩子所讲的重点。当孩子看到妈妈为自己所说的话做摘要时，一定能感受到妈妈真的听见了自己的心声，接受了自己的思想和感情。

"摘要"表示妈妈听懂了孩子想要分享的心情，以及妈妈对他们的支持。"摘要"不但会帮助孩子建立信心，也会赢得他们的信任。但请记住，陈述孩子所说的话时，不需要巨细无遗，简略、正确地重述重点即可。讲得越少越好，切勿过于冗长。

成功引导孩子沟通的方法，包括使用词汇、适时地指出问题的相关性、提供让孩子选择的机会、与孩子分享自己的感受和经验。但妈妈同时也要考虑孩子的年纪和成熟度，知道自己的界限并帮助孩子设定界限，而且要保持谦卑的态度。

3. 引导并接受孩子所提出的建议

孩子越小越需要引导。但不论孩子多小，妈妈都必须以尊重、平等的

态度对待，才能收到效果。同时也别忘了，你的孩子也许极富想象力与创意，所以千万不要武断地拒绝他们的建议。

当孩子的建议令人觉得难以接受时，不妨让他明白他的建议会导致什么样的结果。例如，当孩子为了想拥有更大的居住空间而建议搬新家时，妈妈可以询问孩子要到哪里找那么多钱。

引导孩子时，还需要敞开胸怀接受孩子所提出，而妈妈未考虑到的建议。也可以用测试的方式和孩子一起寻找答案，或者向孩子解释清楚，然后提供其他的选择。但不管使用什么方式，都一定要避免说教，更不要对孩子指定解决方法——大人为孩子解决问题的旧习惯，极易出现在经验里。

当妈妈对孩子有过多的劝告与说教时，可能在不知不觉中就破坏了孩子对妈妈的信任，也可能会造成孩子对妈妈的过度依赖，或抗拒妈妈的帮忙。引导孩子解决问题就像调味料，放得适量可增添美味，放得太少或太多，则破坏美味。

❋ 引导＋疏通，给"暴脾气"的孩子降降温

如今的孩子不知为何，总是喜欢大发脾气。看到不顺眼的伙伴，他们会尖叫着将他赶走；听见不好听的歌曲，就会怒气冲冲地关掉电视，大骂"真难听！"妈妈不禁要问，为什么年纪轻轻的孩子，就有这么大的火气？

造成孩子"暴脾气"的原因有很多，娇生惯养、不受重视、经常受打骂，这些都有可能引起孩子发怒。父母要做的，就是帮助孩子改善这个坏习惯，否则在生活中，他就会处处受挫。

中超今年只有 6 岁，但脾气却是出了名的火暴。有一天，刚刚睡醒午

觉的他，还想继续上午的过家家游戏。然而，当他走到小桌子旁，却发现什么也没有了，小盘子小碗，还有"看书"的小熊、在小车里躺着的小兔子都不见了。

这时，妈妈过来抱起中超说："中超，你看妈妈把你的小玩具都收起来了，干净吧？"没想到中超却"大发雷霆"，一边打着妈妈一边叫喊："你讨厌，你讨厌，谁让你把我的过家家给破坏了，你赔我。"

妈妈很生气，批评了他一顿。谁知中超并不接受，依旧我行我素。但在幼儿园，他这套却行不通了。幼儿园里，小朋友们都是平等的，因此他发脾气，没有人会怕。就因为此，他和小朋友也打了好几场架。中超的坏脾气，让老师也无可奈何。就这样，他不能与同伴和睦相处，被孤立起来，没有小朋友愿意跟他交往了。

暴脾气，已经让中超失去了很多朋友。倘若这个坏习惯一直伴随着中超的成长，那么他的交际之路一定是磕磕绊绊，难以收获真正的友谊。

像中超这样的孩子在现实中还有不少，有的甚至比中超还要过分。从心理学角度来看，乱发脾气是孩子意志薄弱、缺乏自控能力的表现。乱发脾气的孩子常常希望别人都顺从自己的想法和感受，当别人不赞同自己的想法时，他们就不能控制自己的情绪，开始大发雷霆。孩子乱发脾气，会影响他的知识获得，影响人际交往等各方面的发展，非常不利于孩子今后的成长。

对于这样的孩子，妈妈必须"引导＋疏通"，这样才能让他改变坏习惯。

1. 和孩子"约法三章"

为孩子制定规则，这是规避他发脾气的重要手段。例如，妈妈可以规定孩子一个月只能吃两次快餐，如果超过两次，下个月就不能再吃了。甚至，妈妈还可以把规则写出来，一旦他乱发脾气，就让他看看自己的承诺。孩子是好面子的，不愿做一个不诚信的人，因此自然会收敛起脾气。

2. 培养孩子的容忍度

生活中，首先妈妈要告诉孩子，在发脾气前试图让自己冷静下来，不要轻易暴露自己的情绪，以免产生不必要的后果。其次，当孩子发完脾气后，要让他自己静下心来想一想是不是值得发怒，然后妈妈再帮助孩子找出烦恼的根源，以利于孩子控制情绪。

3. 为孩子提供发泄渠道

孩子发脾气，归根结底是因为心里愤怒。所以，妈妈可以在孩子不顺心时，带他们出去走一走，多参加一些户外活动，或是找个好朋友一起聊聊天，谈谈心，以此来排解内心的烦躁。

情绪，是内心世界的反光镜，清晰地反映了孩子此刻的内心波动。一个惯于发脾气的孩子，很难与他人进行友好地交流。所以，妈妈一定要对孩子乱发脾气的行为进行引导、疏通，让他可以用平和的态度去面对问题、解决问题。

❋ 让"性子急"的孩子学会沉住气

女儿小雪是家里的懒虫，平时妈妈让她干什么，她总能找出理由来拒绝。一天晚上，小雪在家里看电视吃瓜子时，丢了一地的瓜子壳。看着女儿玩得那样高兴，妈妈就拿起扫把来自己扫地。

"我来扫地！"小雪抢走了妈妈手中的扫把。拿着扫把开始慢慢腾腾地扫起来，过了几分钟后，小雪还在原地来回地扫。这时妈妈急了，就催促道："快点，这么点事也能磨叽。"小雪一看妈妈急了，于是三下五除二地就把瓜子壳扫到了一起。妈妈刚想表扬小雪，却看见地上还有残留的瓜子壳，最后只好自己又重新扫了一次，而小雪之后做事情也越来越毛躁了。

生活中，有些孩子生下来就比一般的孩子"性急"。例如对刺激反应强烈，吃奶、睡觉稍不顺心就大哭大闹。这类"急性子"主要是由孩子本身的遗传神经类型导致而成。

有的孩子在新生儿时期或许并没有明显的性急表现，但是因为其养护人的性子比较急，或者家庭氛围比较紧张，孩子受到父母的影响，就容易变成躁动不安的"急性子"。这类孩子的急性子便是"习惯性急躁"。

还有些孩子的"急性子"大体是从开始喜欢说"不"产生的，一般出现在孩子1岁半之后，最早可以提早到孩子13个月大时。这个时候孩子的自我意识刚刚萌芽，他们越来越有自己的主张，如果这种主张得不到及时的支持与响应，孩子就会因为急于维护自己的主张而表现出过激行为，不了解这个心理发展特点的成人就可能认为孩子的性子变急。

另外，有的孩子平时可能并不性急，但在生病或遭遇其他情感波折时就会突然出现性急反应，这种"急性子"是因为孩子生理不适、生活变故等原因而暂时出现的。

孩子的"急性子"一般是由上述原因混合影响而成的，需要家长综合考虑各种可能性并做出相应的行为调整。尤其需要注意的是，任何情况下都不要抽象地批评孩子"性子急"，更不要当着别人的面议论孩子的"急性子"，以免孩子受到消极心理暗示而更加性急。

1. 妈妈要学会"等待"孩子

日常生活中，家长也可以让自己孩子的步伐慢下来，如"宝贝，慢点吃，等下好吃的全留给你。"或者是"别着急，妈妈会等你的。"等等，类似这样的话都会让孩子慢下来，让他们不会因为太着急而出现一些过激的情绪反应，这样也可以让孩子的情绪顺其自然地反应。

2. 等孩子情绪平稳后再问"为什么"

当孩子大哭的时候，或者是他兴奋的时候，妈妈先不要急着询问或妄加猜疑，否则会让孩子产生依赖性，不利于他以后的成长。可以试着把孩子带回家，等到他的情绪平稳了之后，再去问"为什么"，这样会让孩子感受到被尊重，而且他也乐于和家长交流。

3. 把孩子的难题化解到小任务中

当你察觉到自己的孩子正为一件事情愁眉不展的时候，你可以试着和他一起分析这个问题，然后再让孩子自己去解决。这样，不仅可以培养孩子的思考能力和动手能力，还可以帮助孩子从遇到困难时的紧张情绪中自然过渡到解决难题时的高兴状态中，从而慢慢形成孩子自己转化情绪的方式。

4. 强调孩子控制情绪的过程，而不是结果

"今天宝宝生气的时候和洋娃娃说了自己的委屈，还自己给洋娃娃换了衣服……"这样很实在地和孩子说话，使孩子也会因为自己的进步而感到满足，并且继续坚持下去。记住，千万不能急着干预孩子的情绪。

⁂ 允许孩子适当地发发小脾气

妈妈应该明白，发脾气是孩子正常的情绪宣泄，不要总是责备孩子，要允许孩子发发小脾气，但要找到孩子发脾气的原因，并想办法不让孩子发脾气。

罗力的性格一向固执，他自己认准的事情就一定会去做，即便是妈妈不同意，他也会坚持到底、决不回头。如果不按照自己的意愿去办事，他就发脾气，哭闹。妈妈对罗力的这种表现十分头疼，总是提防着他的坏脾气爆发。

妈妈常常对朋友说："我家罗力在一般情况下都很乖，就是脾气一上来，怎么说、怎么劝都不管用，真是软硬不吃了。"一天，一位朋友对罗力的妈妈说："孩子总是有原因的吧？不会无缘无故就哭闹、不听劝吧？"

于是，罗力的妈妈开始留心观察，发现罗力总是在看到妈妈不耐心或有恼怒的表情后开始他的"发怒"情绪。罗力的妈妈翻阅了一些育儿方面的书，其中讲到了孩子对归属感的寻求方式，不禁有些醒悟了。也许是因为罗力看到妈妈生气，会想到妈妈是不是不再爱他了，所以有了危机感，因恐慌而暴怒的。

什么事情找到原因之后，就好办多了。有一次，罗力又开始哭闹了，这次妈妈没有训斥或表现出厌烦的神情，而是和颜悦色地拥抱着罗力说："妈妈知道宝贝心里难过，也害怕，能不能告诉妈妈为什么难过呢？"这样问了一阵，罗力终于吞吞吐吐地说："我看妈妈刚才生气的样子，以为妈妈不喜欢罗力了。"

"傻孩子，妈妈怎么会不喜欢罗力呢，刚才妈妈情绪不好，所以对罗力的态度也就不好，这是妈妈的错。可是妈妈是喜欢罗力的，你要相信妈妈。"这以后，每当罗力有要发脾气的迹象的时候，妈妈就首先向罗力声明她爱罗力，这的确促使罗力平静了许多，不再没完没了地给妈妈"找麻烦"了。

发脾气虽然属于孩子不良的情绪宣泄，但是一定要容忍孩子发发小脾气，更要找到孩子发脾气的原因以便对孩子进行安抚。一定要根据孩子发脾气的原因"对症下药"，这样方能奏效。

1. 给孩子发脾气的权利

假如孩子正在气头上，妈妈可千万不要立刻去阻止，要允许他发脾气。此时妈妈不妨先坐下，安静地等待孩子几分钟，看着孩子，不去打断他，全神贯注地倾听他的抱怨，不左顾右盼，这等于在告诉孩子：妈妈很在意你，我在认真地听，注意你所说的感觉。

2. 转移孩子的注意力

在孩子生气的时候，妈妈们除了表示对孩子的理解和关怀之外，还要尽量去转移孩子的注意力，正确地引导孩子，做些愉快的事。对大一些的孩子可以通过各种体育活动来达到让其平静和放松的目的。妈妈要想办法让孩子感觉到轻松，这样会避免孩子发脾气。

3. 让孩子有适当发泄的机会

如果孩子的坏脾气已经形成，此时孩子发脾气是不可避免的事，那么妈妈可以采取"冷处理"方式，让孩子慢慢冷静下来；同样，也可以选择适当的方式让孩子发泄出来。比如，可以和孩子进行交谈，然后帮助孩子把怒气宣泄出来。有时，妈妈一不小心就会伤害孩子的情感，甚至会让孩子感觉到不被妈妈喜爱，并给他的个性带来终生的"残疾"，因此，妈妈们应该更加小心和注意。

✱ 教会孩子控制不良的情绪

孩子虽然年龄还小，但是情感上和成年人一样，在生活中难免会遇到挫折，从而产生负面的情绪，他们也会出现郁郁寡欢、怒不可遏甚至是无理取闹的情况，这是相当正常的。在人的一生中，可以说无时不在与负面情绪作斗争，因为它会严重影响到我们的生活质量，甚至会控制我们的生活。如果希望孩子生活得快乐，那么妈妈就应该从孩子小时就教会他如何应对负面情绪的影响。

王鹏飞已经11周岁了，他是某中学的学生。就在两年前的一次课上，王鹏飞无意中发现坐在自己左前方的一位女同学正在用手托着头，好像不高兴的样子。平时，他与这位女同学关系很一般，交往也不多。但是却不知道怎么搞的，他突然觉得这位女同学是因为自己才会不高兴的。以后，只要是一上课，王鹏飞就会下意识地去多看她几眼，看她是否还是用手托着头，是否不开心地拉着脸。

结果，每一次王鹏飞都发现这位女同学保持着相似的姿态和态度。于是他每看到一次就会害怕一次，浑身不自在，认为是自己什么时候得罪了她。虽然王鹏飞也知道这种想法是很可笑的，却无法消除。因为这种莫名其妙的害怕，使他无法集中注意力去听讲，并且记忆力也明显下降了，给自己造成了很大的痛苦。由于王鹏飞的积虑越来越多，最终竟然发展为了一种心病，表现为十分的害羞、害怕见女生，不管是在什么场合，只要有女生在场，他就会感到紧张和恐惧，甚至会当场脸红。

张旭明和王鹏飞是一个学校的学生，两年来他从来不敢与人目光相对，出现目光碰撞的情况后，他就感到惊恐万状。原来他两年前发现自己得了近视，因而便去配了副眼镜，但配后迟迟不敢戴眼镜，怕别人见了会笑话自己。有一天，因为老师在黑板上写的字模糊看不清，就试着在课堂上第一次戴上了眼镜，谁知道这时老师正好转身，无意中看到了他，他在与老师目光相对的那一瞬间，突然感觉到一阵莫名其妙的恐惧，因而他赶快低下头，但是仍然心跳不已。

从那之后，他再也不敢与这位老师对视。为了回避老师的目光，他甚至一节课都不抬头看一次黑板，时间长了，发展得更为厉害，渐渐地他又发展到怕与电视、电影屏幕上的人对视，最后竟连回想与别人目光相对的情景，都会让他心惊胆战。他想控制自己不看别人的眼睛，因此，他走路总是低着头，吃饭也是低着头，和别人说话也是低着头，从来不敢去正视别人，即使无意间看到了别人，他也会感觉到十分恐慌。

从上面的两个人的情况，可以看出这两个人就是因为不能控制自己的情绪，结果导致了严重的心理问题。在生活中，有些孩子动不动就哭闹不止，然后发脾气，甚至是摔东西，或者把自己关起来生闷气，有的父母也会跟着孩子生气、焦虑、愁眉不展。其实，在婴儿期的时候孩子就已是个情绪体，就会表现出恐惧、愤怒等一系列的情绪。健康情绪的发展对幼儿的个性形成起着十分重要的作用，它关系到一个人一生的成长。

孩子和成年人是一样的，在生活中也会出现挫折，或许在大人的眼里，孩子所谓的挫折根本不算什么，但是孩子毕竟是孩子，他们也会出现负面情绪，他们也会郁郁寡欢、怒不可遏、无理取闹，所以在这个时候，妈妈应该理解孩子，千万不要轻视负面情绪的影响。要在孩子情绪平静之后，想办法去遏制孩子不好的情绪。

有了负面情绪不释放出来也是很危险的。对于妈妈来讲，对孩子出现的负面情绪或者是恶劣的情绪，应该想办法，在孩子出现恶劣情绪之前让孩子去克服，或者是劝说孩子，甚至帮助孩子去控制恶劣情绪的发生和产生。在孩子成功的路上，最大的敌人其实并不是缺少机会，也并不是资历浅薄，而是缺乏对自己情绪的控制，尤其是不能对不良情绪进行控制。妈妈们应该帮助孩子，教会孩子怎么样去控制不良情绪。

妈妈们可能会看到这样的情况，有些幼儿不管是难过、遇到挫折或是无聊的时候，都会用暴力的方式来进行发泄，这样做不但会造成其他人的困扰，也会影响自己的人际关系，原因很可能只是孩子不知道该如何来确切地表达自己的感受而已。

那么，妈妈该如何帮孩子控制不良的情绪呢?

1. 让孩子认同自己，有情绪空间

妈妈要让孩子学会喜欢自己，因为只有喜欢自己的孩子，才会去喜欢别人。同样，妈妈要给孩子认同感。妈妈是孩子的模范，妈妈首先要学会管理自己的情绪，不要让自己的情绪影响到孩子，更不要给孩子带来情绪上的压力。要给孩子塑造出一种安全、温馨、平和的心理情境，用欣赏的眼光来鼓励自己的孩子，让身处其中的孩子产生积极的自我认同感，从而获得安全感，让其能够自由、开放地感受和表达自己的情绪，使孩子原本正常的感受不因压抑而变质。

2. 让孩子正确认识情绪，表达情绪

通过亲子之间的对话让孩子正确地去认识各种情绪，让孩子说出自己心里此时此刻真实的感受。妈妈们只有了解了孩子的想法，才能够知道怎么样去帮助孩子解决问题，帮助孩子控制情绪变化。所以在平时，妈妈们应该让孩子认识自己的情绪，然后表达自己的情绪，只有这样孩子才能够更好地去了解自己。在我们日常的生活中，妈妈们要做的不仅仅是去关照孩子，更多的是要让孩子知道知道自己的情绪，让孩子认识到自己的情绪会产生什么不利的影响。

3. 让孩子体验情绪，洞察他人的情绪

游戏在孩子的心理发展中起着十分重要的作用，要让孩子在丰富多彩

的游戏活动中体验自己的情绪并且感受到别人的情绪，那么就一定要让孩子自己知道他人的需要。除了与孩子交流自己的情绪感受外，妈妈可以通过说故事编故事的方法，让孩子明白怎样去了解别人的情感。从他人的情绪反应中，孩子会逐渐领悟到积极情绪的作用。如果孩子在不断表达情绪与控制情绪之间取得了平衡，便有助于孩子去遏制不良情绪。

4. 让孩子学会乐观地面对生活

积极的情绪体验能够激发孩子的潜能，使孩子保持旺盛的体力和精力，并且起到维护孩子心理健康的作用；消极的情绪体验只能使人变得意志消沉，对孩子是有害的。为此，保持孩子乐观的生活态度与积极向上的情绪，对孩子来说这是十分重要的。作为妈妈，要培养孩子乐观的情绪，让孩子积极地面对人生，即便是处在困境中，也要让孩子有克服不良情绪的决心。孩子的情绪会受到妈妈行为的直接影响，在与孩子相处的过程中，妈妈必须乐观一点。乐观的心态能够帮助孩子控制自己不良的情绪，这对孩子的成长是十分有帮助的。

5. 教会孩子适当宣泄不良情绪

孩子在精神压抑的时候，如果不能寻找到发泄的机会，或者是不能宣泄情绪，便会导致孩子身心受到伤害。所以，当孩子负面的情绪已经产生，或者是不良的情绪已经出现，妈妈应该给孩子发泄的空间和时间，让孩子先发泄自己的情绪，或者是等孩子的情绪稳定之后，再教育孩子，让孩子感受到妈妈的爱和支持。事情过后，再告诉孩子怎样克服这种不良的情绪。

如何面对孩子的不合理要求

一味地迁就孩子，盲目地满足孩子的所有要求，并不能培养出一个优秀的孩子，相反，还会使孩子成为一个自私自利、蛮横无理的人。所以，对于孩子的要求，妈妈不要总是迁就，不要他说什么就是什么，也不可一味地对孩子的要求大吼大叫。好妈妈应该学会去分辨孩子的要求是否合理，然后再给予他答复。

涵涵放学一回家，就嘟着嘴说："妈妈，你看看浩浩，他的遥控飞机多棒啊！"妈妈说："前段时间舅舅不是也送了你一个吗？"涵涵说："我的那个太低级了，我要买个比浩浩更好的。"妈妈有点嗔怪说："你的也是好几百买的，不低级啊。"

涵涵不听，跑去找奶奶要。奶奶最疼他，听他一撒娇，马上答应给他买个更好的。

妈妈见了，又不能说奶奶的不是，也不好对着孩子吼叫，只是感到无奈。涵涵的脾气，就这样一点一点被惯坏了。

孩子一般自控力差，有些东西分明自己已经有了，可是见到喜欢的就还想要。很多妈妈或其他家长出于对孩子的怜爱，常常选择无条件满足孩子的要求。其实，这种情况下，作为妈妈，应该坚持原则，不要助长孩子的坏习惯。具体而言，应该做到以下几点：

1. 分析孩子的要求是否合理

孩子提出要求时，妈妈首先应分析一下他的要求是否合理。如果合理就适当地满足他，如果不合理，就要以理服人，拿出合理的理由使他信服。比如，孩子想要买奢侈品，妈妈首先要帮他分析，他是否具备消费奢侈品的能力；其次要告诉孩子，奢侈品并不是生活的必需品，如果无法控制内心的欲望，不仅浪费钱，还会让自己养成爱慕虚荣的坏习惯，最终会害了他。

总之，给孩子一个让他信服的理由，而不是武断地拒绝，甚至是对孩子大加指责、大吼大叫，这样，孩子接受起来就容易得多。

2. 不能一味迁就孩子

孩子经常会提出一些无理要求来挑战妈妈的忍耐力。一旦他的要求得不到满足，就会又哭又闹；如果轻易地满足了他，又只能让他以后更加变本加厉。为了避免这种状况，妈妈一定要言必信、行必果。对于应该坚持的原则一定要坚持，不能因为孩子哭闹而心软、退让，也不能因为自己的心情好而对孩子网开一面。这样，妈妈才能在孩子心中建立起威信，说出的话他才会听，也就不会提出那么多不合理的要求了。

3. 让孩子学会为他人着想

很多孩子在家非常任性，无论什么事情都得顺着他，此时妈妈要对孩子严加管教，不能看着孩子吃一点苦、掉一滴眼泪就让步；另外也要让孩子懂得付出，学会感恩，学会去帮助他人，妈妈在这些方面也要做好榜样，这样就能逐渐帮助孩子克服一味要求、自私自利的坏毛病。

4. 对孩子的无理要求进行冷处理

孩子的不合理要求一旦被拒绝，他往往会以哭闹相威胁。这时候，妈妈可以尝试进行冷处理，跟他讲一遍拒绝他的理由，然后再去做自己的事情，不理睬他的哭闹行为。当然了，在这个过程中，一定要注意孩子的安全。久而久之，孩子在心里就会明白，对于那些不合理的要求，哭闹是无济于事的，于是以后也就慢慢不再提出一些过分的要求了。

第6章

蹲下来，用平等的语言和孩子沟通

教育孩子时，妈妈早已习惯站着说话，"居高临下"地对孩子发号施令，而很少考虑孩子内心的想法。当孩子的行为与自己的愿望不一致时，妈妈就会大失所望，采取"强硬措施"，于是招致孩子的反感和抵抗。如果妈妈"蹲下来"，用尊重的心态去和孩子沟通，那情况又会怎样呢？

❊ 说话时，要把孩子当"大人"对待

威廉姆先生请了几个朋友在家中做客，儿子小山姆同席。在吃鱼圆时，客人均说新鲜可口，只有小山姆说："妈妈，鱼圆不新鲜，是酸的！"以为孩子胡说乱闹的妈妈便责备了几句，孩子老大不高兴。威廉姆先生听后，便把小山姆咬过的那只鱼圆尝了尝，果然不怎么新鲜，便颇有感慨地说："孩子说不新鲜，我们不加以察看就抹杀是不对的，看来我们也得尊重孩子说的话啊！"

的确，每一个人都需要尊重，当然也包括孩子。孩子是鲜活的生命，同样有丰富的情感和个性，只有充分尊重孩子，才能使他健康、快乐、全面地发展。父母对孩子的尊重可使他形成自尊心。孩子健全的个性是在自信和自尊的条件下建立的。

孩子的生命虽然是父母给的，但这并不意味着他是父母的私有财产，可以任由父母支配。孩子虽然年纪小，但是也有自己的尊严和独立人格，作为父母，要尊重孩子作为一个独立个体的事实。只要不涉及原则性的问题，就给孩子充足的自由，让孩子自己做决定，给孩子独立选择的机会，这样，孩子才会发展出健全的人格，成长为独立、有主见的人。

尊重，也正是美国哈佛教育中的重要方式和特殊营养。比如，哈佛的教育专家讲究对孩子说话的口气和方法，大人不但要认真倾听孩子的话，而且有时还要蹲下来同孩子对话，使孩子感到大人在尊重他，并可避免孩子有"低一等"的感觉。

家长带孩子外出做客，主人若拿出食物给孩子，最忌讳提早代替孩子回答"不吃""不要"之类的话。他们认为，孩子想要什么或是想看什么，本身并没有错，因为孩子有这个需要，只能根据情况适时适当地做出解释和说明，做以引导。哈佛的教育专家尤其反对父母在人前说孩子"不争气""笨蛋""没出息"，因为这会深深伤害孩子的自尊心。

哈佛的教育专家这样强调尊重孩子，不仅是因为他们年龄小，还在于他们从出生起就是一个独立的个体，有自己独立的意愿和个性。

把孩子当成家里的一位"大人"，孩子自然也会用"大人"的方式来要求自己，约束自己。妈妈还需要愁孩子的自控力差吗？现在，就让我们来看看应该怎样尊重孩子吧，这里有一些准则供妈妈参考。

1. 有空多陪陪孩子

每周都要抽出时间和孩子在一起玩乐、聊天，不要因为工作忙而忽视了孩子的存在，妈妈该不会比美国总统还要忙吧！爱孩子之所爱，甚至喜欢听孩子最爱唱的歌、最爱看的动画片，参与他们之间的游戏。不要认为这都是孩子们的游戏，更不要担心别人说自己不成熟。

认真听取孩子想要告诉自己的事情。孩子讲话时，不要表现得那么不耐烦。鼓励孩子要有自己的看法和观点——即使不成熟，让时间去给他辨别真伪，那样可以让孩子们从中增长才干，吸取经验教训。妈妈不要一语道破结果，那样会使他们没有成就感。

2. 尽量称呼孩子名字的全称

给他一种独立的感觉：不要称"小儿""妮儿"，尤其是当着他们同伴的面，不要把他们当成永远长不大的孩子。

✲ 妈妈做错了，就要向孩子道歉

生活中，我们经常教育孩子：做错了事就要勇于承认错误，知错就改才是孩子。但是，当我们做错了事，我们是否应该"勇敢地承认错误，并向孩子道歉"呢？很多妈妈可能会说："向孩子道歉，以后还怎么树立威严啊？"

我们要知道，父母的言传身教远胜过千言万语的说教。因此，当我们犯错的时候，一定要及时地向孩子道歉。这样一来，孩子的心里就会产生这样的想法：妈妈犯了错误都勇于承认并道歉，那我还有什么错误不能承认呢？我还有什么理由不去道歉呢？

一个周日，李女士骑着自行车带女儿去逛公园。过一个十字路口时，恰巧是红灯，但是李女士看到路上的行人和车都很稀少，就直接骑了过去。

"妈妈，红灯亮了，要停下来等绿灯才可以走。"坐在后面的女儿纠正道。李女士有点尴尬，就随口答道："对面没有车，没事的。""不对，看见红灯就要停下来的，绿灯时才能过去，这是我们老师早就告诉我们的。"女儿坚持着……

李女士没有理会女儿，继续往前骑，可是女儿的话还在耳边回荡。作为妈妈，作为孩子的第一任老师，李女士感到有些惭愧。

到了下一个十字路口时，红灯亮了，李女士下了车，转过身对女儿说："在学校里，不管老师在不在，你都很听话是不是？"女儿点点头。

李女士摸摸女儿的头说："你是听话的好孩子，刚才妈妈没有遵守交通规则，闯了红灯，是妈妈错了，今后妈妈一定改。"

当孩子指出你的错误，而你积极承认错误时，实际上是赏识和尊重孩子，这样不仅可以让孩子学会做人的原则，而且能让孩子对你产生由衷的崇敬，妈妈的威信才会真正树立起来，亲子关系也会进一步融洽。当你发现自己错怪了孩子时，让孩子感受到你的歉意吧，唯有真诚的道歉能够减轻对孩子心灵的伤害。

此外，还要注意两点。一是注意道歉的态度，当妈妈向孩子说对不起时，一定要保持诚恳的态度，用接纳、关怀的眼神面对孩子，坦诚地和他们沟通，温柔地摸摸他们的头或给予他们拥抱；二是孩子的年龄不同，妈妈道歉的方式不同，如果孩子年龄较小，妈妈给孩子道歉的时候没有必要讲太多深奥的道理，只要用一些行动，如手势、表情、做法等，能让孩子很自然地知道妈妈是在向他道歉，并不需要说太多的话。如果孩子较大，妈妈向他们道歉的时候，应该讲明犯错的原因，以及犯错后的心理感受，让孩子知道父母因为错怪了他而难过，这样便于孩子原谅父母。

✳ 妈妈应征求并尊重孩子合理的意见

如今，孩子的很多事情都是由妈妈一手操办的，很多妈妈总是以"孩子年龄小，思想不够成熟，考虑问题不够周全"为由，强迫孩子听从自己的安排，接受自己的意见，甚至不允许孩子发表意见。

这样下去，将会导致孩子越来越依赖父母，缺乏自主能动性，缺乏责任感，长大之后将会很难适应竞争日益激烈的社会环境。因此，我们应该主动征求孩子的意见，对于他的合理意见，我们应该给予尊重和支持。

　　童童上一年级了，妈妈看到很多家长给自己的孩子报各种各样的兴趣班，就按照自己的想法替孩子报了英语班。

　　当妈妈告诉童童报兴趣班的事情时，她嘬着小嘴，说："妈妈，您怎么也没和我商量一下，就自作主张给我报班了呢？"

　　听到童童这样说，妈妈才意识到自己有些武断了，便对她说："是妈妈不对，没提前征求你的意见，那你有什么意见吗？"

　　"妈妈，我想报绘画班，想把我喜欢的东西都画出来，以后还能拿出来看看呢！"

　　"好，妈妈尊重你的意见，明天就把你的英语班换成绘画班。"

　　"谢谢您！"

　　"妈妈保证，以后有什么事情，都先听听你的意见，好不好？"

　　"好！您真是我的好妈妈！"

　　虽然童童妈妈一开始没有征求她的意见，就给她报了英语班，但是后来，妈妈意识到自己这样做不对了，不仅征求了她的意见，还给予了行动上的支持。只有这样做，才能真正得到孩子的尊重和信任。

　　凡事问问孩子的意见。在一个民主的家庭中长大的孩子，有自己独立的主见，孩子能从自己的角度和立场发表自己的想法。

　　作为妈妈，应该给孩子创造一个民主的沟通氛围，凡事都先问一问孩子的意见。

　　在孩子还小的时候，孩子可能还不知道如何发表自己的意见，妈妈可以用选择询问的方式让孩子发表意见，如用"好不好""行不行""对不对"来询问他的意见。带孩子去买衣服，孩子不懂怎么挑衣服，妈妈可以先选几套，然后询问孩子的意见，问他："妈妈挑的这几款你喜欢哪一款呢？"用这种方式给孩子一个发表意见的平台，培养孩子的独立自主意识。

　　等孩子再大一些，有一些思维能力和表达能力时，妈妈可以这样询问孩子"你觉得怎么样""你是如何看待这个问题的"……以此来引导他把自己的想法说出来，让他对一件事情发表自己的意见。

　　无论孩子的回答是否合理，妈妈都应及时给予肯定和鼓励，以此增强孩子的自信心和积极性。

❋ 学会和孩子商量，尊重孩子的发言权

　　有些家长认为孩子年纪还小，什么都不懂，所以在决定一些事情的时候不征求孩子的意见。其实这是不对的。孩子虽然年纪小，但毕竟是家庭中的一份子，对家庭中的事有权利知道。在家庭中，孩子与成人的地位是相同的，平等的。所以在重要的事情上，妈妈不仅不应该剥夺孩子的知情权，相反还应该鼓励孩子说出自己的看法。

　　我们生活在一个社会民主的时代，在教育孩子时，同样不能忽视家庭民主在家庭教育中的作用。家庭中很多事情，妈妈需要同孩子商量，家长的任务只是给予指导，而不是替孩子做决定。

　　从小就在民主、平等的家庭氛围中成长起来的孩子，他们的参与意识一般都比较强。除了对与他们直接相关的家庭事务怀有强烈的参与意识外，他们还会对那些与他们不直接相关的事，比如"大人的事"或者家庭的"公共事务"怀有兴趣。比如孩子经常主动打听大人的事，在大人说话时插话，渴望平等地参与家庭事务的讨论、发表自己的意见或看法，渴望自己的意见能得到家长的认同和尊重，并能影响家庭决策，等等。

　　家长原则上要对孩子的各种参与行为予以鼓励，但小孩子毕竟是小孩子，尤其是那些年龄小的孩子，他们对人和事的认知水平、能力比较有限，所以家长对他们参与家庭大事的行为还是要有所选择、有所限制。但是孩

子毕竟渴望了解大事、知悉情况，即使自己不能发表意见、参与讨论和决策，至少还是希望大人能及时告知有关情况，如果大人能主动向孩子通报某些家庭大事，使孩子拥有相当的"知情权"，孩子往往会深受感动，也会因此更加爱家爱父母。妈妈们可以让孩子拥有哪些家庭大事的知情权呢？

1. 聘请保姆或家教

为孩子聘请保姆或者家庭教师，相当于为家庭引入新的家庭成员，而且这两者与孩子的关系密切，如果聘用期较长，他们对孩子的学习、生活、心理的影响也较大。因此妈妈在做聘用决定时，一定要提前告知孩子，使孩子心理上有所准备，并在一定程度上征求孩子的意见。有的妈妈喜欢在这些方面完全包办，搞突然袭击，在孩子毫不知情的情况下，就为孩子聘请来一位保姆或家庭教师，让孩子一时之间无所适从、手足无措。

2. 选择就读学校、选择学科

为孩子选择哪一所小学、初中或高中就读，事先应将选择的理由告知孩子；孩子是选读文科还是理科，妈妈要为孩子提供充分的指导和参考意见，而最终应由孩子自己做决定，不能在孩子毫不知情的情况下，代替孩子做出选择。

3. 家庭危机

包括家庭面临的经济危机，家长事业受到重挫，如生意失败、自己的企业破产倒闭、家庭陷入财务困境等；家庭与外部关系的危机，如家长与亲戚、邻里交恶，关系破裂等；孩子的父母有一方遭遇重大疾病、灾祸等，如家长因罹患不治之症、遇到严重车祸而生命垂危、去世；等等。很多妈妈往往将这些大事掩着捂着，不让孩子知情，妈妈认为孩子会因此受到干扰、刺激，承受不了打击，并以为这样做是关心和保护孩子，实际上是骨子里不相信孩子有理解、忍耐、体谅的素质。孩子即使年龄尚小，他同样也能承受、忍受这些生活的磨难和苦难，并更容易因此而养成成熟、稳重、宽容的精神品质。当家庭面临这些危机时，从另一个角度来看，对孩子来说其实是一个机会，让孩子提早接受、忍受这些压力或苦难，对孩子来说是很好的人生训练，但有不少妈妈却将这些机会白白放弃了。

4. 父母分居、离异或再婚

父母因感情破裂而分居、离异，或者单身父亲或母亲需要重新组织家庭，这些都应让孩子及时而充分地知情。家长虽有选择自己生活方式和追求自身幸福的权利，但应充分照顾孩子的感情、感受，尊重孩子以及其他亲人的意见，不能一味地从自身角度出发来考虑和处理问题。尤其是对那些年纪尚小的孩子，妈妈在这方面的决定往往会深刻影响孩子今后的性格定型和生活态度，因而妈妈在处理这方面的事务时，一定要同孩子充分地沟通，及时传达有关信息，以便在自己做决定时能更多地照顾孩子的立场。

5. 家庭的重大采购事项

包括购房，购车，购置电脑、冰箱、彩电、手机等，这些都可以告诉孩子，使孩子对家庭的财经活动有所了解，也可以从小培养孩子的理财意识。

✳ 呵护孩子的梦想，鼓励孩子去实现它

如果孩子歪着小脑袋，若有所思地对你说，他想去月亮上看看，或者他说他梦见自己获得了诺贝尔奖。这时，你会对怎样对孩子说？

一般的妈妈恐怕觉得孩子在说梦话，然后理所当然地教孩子别做梦了；而高明的家长会呵护孩子的梦，鼓励孩子为梦想而奋斗，哪怕那梦遥不可及。

一个 12 岁的男孩子，因为看起来呆头呆脑的，人们都喊他"木头"。有一天晚上，他做了一个梦，梦到他受到了国王的嘉奖，因为他的作品被

诺贝尔看中了。他把自己的梦告诉了妈妈。妈妈说："假如你真的做了这样的梦，你就有出息了！这是上帝对你的恩赐，你要好好对待它。"听了妈妈的鼓励，"木头"开始为梦想努力，最终在 2002 年获得了诺贝尔文学奖，他就是匈牙利作家凯尔泰斯·伊姆雷。

一个叫恩瑞哥·卡罗素的意大利男孩，10 岁时在一家工厂做工，他梦想有一天能成为歌星。但是，他的音乐老师说他五音不全，唱歌难听，叫他不要再做美梦了。

回到家里，他把老师的话告诉了母亲，母亲看着他，轻轻地说："孩子，你很聪明。听听吧，你今天的歌声比昨天好多了，妈妈相信你以后一定能成为一个出色的音乐家。"从那以后，孩子很努力地学习音乐，克服自己的缺点。后来，这个孩子真的成了那个时代著名的歌剧演唱家。

然而，在现实生活中，大多数的孩子可能都没有那么幸运。孩子若是做了遥不可及的梦，妈妈很有可能一盆冷水就无情地浇灭了。

是啊，妈妈往往会按照自己的生活经验和人生经历，设置孩子的人生轨迹。然而这种善良而美好的愿望却束缚了孩子天真烂漫的个性，浇灭了孩子梦想的希望。妈妈们在培养大量人才的同时，也造就了一批生活的失败者。

现在，让我们来换一种情况：如果你的女儿宣布她想成为一名专业斗牛士，或你的儿子说他要成为一名电影特技演员。对于他们的这些梦想，不管你是怎么想的，都要表示尊重，不要说"姑娘不能干那个"或"那是个危险的工作"。可能，未来的斗牛士会改变她的主意，学习法律；未来的电影特技演员也许会变了主意，去做生意。

任何一个梦想都值得尊重，谁说理想只能局限于科学家、宇航员之类的职业？对于年幼孩子的各种各样的理想，其实大人不必太当真。不要因为孩子的理想太平常而觉得担忧，或因为太不切合实际而觉得好笑。孩子的认知非常有限，现在的理想往往只是很浅层的想法，随着他的成长，他的理想是会不断调整改变的。

对孩子来说，最重要的是有梦想，有了梦想就有了动力，他们就会有意识地向着梦想奋斗努力，自觉地调控自己抵制诱惑，摆脱干扰并顺利实现梦想。对妈妈来说，最重要的是尊重他们，愿意用心去了解梦想背后的缘由，不管他们的梦想对你来说是多么稀奇古怪，都是值得尊重的。

✳ 不要对孩子下否定的预言

有很多母亲都认为，自己的孩子缺点很多，甚至是一无是处，没有一点长处和前途，完全没有才能和特长。这样的想法是十分不可取的，如果妈妈有这样的思想，那么对孩子的成长是十分不利的。任何一个孩子都会有自己感兴趣的目标，也会有自己的特长，如果使他们的兴趣得以正确的发展，他们一定能够在这个社会找到属于自己的一片天空。作为妈妈，不应该看不起自己的孩子，而是要花点时间来鼓励孩子，让孩子尽快地找到自己的目标。

有的妈妈经常会想："为什么那么多的名人，能够做出那么伟大的事情，真不知道他们的父母在他们小时候是怎么进行的教育？"其实，有许多名人，在他们小的时候，学习也是一塌糊涂，有些甚至调皮不堪。比如，发明家托马斯·爱迪生和大家熟悉的安徒生，他们小时候的学习成绩并不怎么好，并且在别人眼中，他们并不是好学生。所以妈妈们一定不要光凭孩子的学习成绩来判断自己孩子的能力，更不要因为孩子的淘气而怀疑孩子的能力。

这个世界上，没有才能的人总是大大多于有才能的人，而所谓的才能也只是在一个领域中有突出的表现。美国哲学家威廉姆斯在他的书中这样写道："从经验来看，那些没有才能却仍然希望成为优秀运动选手的人总能在人生中获得成功。因为他们在殊死的努力中确立了成功所需要的价值观。"他还说，"恰恰相反，那些有才华的人正因为他们不用努力也能取得一些成绩，当他们遭遇挫折时，由于他们没有锲而不舍的耐性，最终没有大的成就"。

强强最近很不开心，走路的时候也总是低着头，很少和同学说话；上课的时候总是低着头，很少看老师，也很少看黑板，更不去积极回答问题，即便是老师提问到强强，他回答问题的声音也很小。老师感觉很诧异，要知道以前强强是一个活泼开朗的小男孩儿，在班里无论是上课回答问题还是课下做值日，他都是最积极的，也是最爱帮助别人的，现在怎么突然变成了这样。

强强的改变，是从上个周末开始的。那天，妈妈和强强一起去姑姑家，姑姑的女儿叫雪雪，雪雪比强强小两个月，当时，雪雪在唱歌，于是，妈妈让强强也唱首歌，强强唱得没有雪雪好，妈妈就说强强："你当哥哥的怎么还没有妹妹表现得好呢？"

在吃饭的时候，强强是小男生，因为自己不小心，将盛了米饭的碗碰到了地上，打碎了，吓得雪雪直哭，妈妈看到强强的这种表现，自然很生气，再看看雪雪哭了，便冲强强嚷道："吃个饭也不安生，把姑姑的碗打碎了，看你把雪雪吓得，这么毛手毛脚的，以后能干成什么大事。"当然，妈妈当时说的是气话，但是强强却不这么认为，他觉得自己什么也做不了了，连吃饭都表现不好，自己还有什么能做好的？就这样，强强瞬间失去了做事情的自信心，不管是上课学习还是在家中做家务，都变得相当没有自信。

教育最重要的就是培养孩子的干劲与耐性，并且给予孩子应该有的力量和支持，培养孩子不断努力的品质。这样一来对心灵的教育就能达到要求。所以妈妈们应该认识到，如果总是用否定的态度来看待自己的孩子，真的可能会让他们变得一事无成。所以说一定要抛掉这些负面的想法，向自己的孩子倾注自己全部的爱心。只有这样，孩子的心灵才能健康。

1. 用肢体语言让孩子感受到爱

妈妈可以通过身体的接触来让孩子感受到妈妈的爱，随后培养儿童的健康心灵，可以让儿童保持健康苗壮的成长。如果在教育孩子的过程中能够注重对孩子心灵的培养，那么这样的儿童长大后不会因为压力而气馁和自卑，即便是遇到了困难，他们也能勇敢地去面对。对于那些发生问题的孩子，通常都对自己缺乏足够的自信心，所以，妈妈应该了解孩子，关爱他们，让孩子树立自信，并且让孩子感受到温暖。

如果孩子在成长的过程中能够经常被妈妈抱在怀里或者是得到妈妈的拥抱，孩子的心里会有满足感，同时也会感觉到尊重，对自己充满了信心，将来在发展中，也就会成长为一个性格比较稳定、接受能力比较强、充满爱心的人。如果妈妈不懂得用身体接触来鼓励孩子、表扬孩子，那么孩子会觉得自己很失败，甚至会缺乏安全感。长此以往，孩子就会对学习失去兴趣，干什么事也提不起精神，缺乏耐心。

2. 时刻给孩子制造出爱的氛围

不管是在什么时候，都要让自己的孩子处在一种爱的氛围里，给孩子爱，让孩子感受到来自妈妈的爱，多用积极的感情来对待他。靠打骂是不可能改变孩子的任性情绪的，相反，通过拥抱孩子，让他的心里充满了爱，孩子就不会再任性、不听话了，孩子就会变成懂事的、温和的好孩子。儿童撒娇的真正理由是希望能得到妈妈的爱抚，如果妈妈能够时常让孩子感受到爱，那么自然会让孩子感受到幸福。

⁂ 别用孩子的成绩长自己的脸

过去大人们比吃、比穿、比钱多，现在妈妈们不比较这些了，却开始比孩子了。妈妈们坐到一起，总是在比较谁家的孩子成绩优异、谁家的孩子有才华、谁家的孩子在学校参加什么比赛获了奖、谁家的孩子考上了重点的学校。很多妈妈都把孩子的学业成绩当成装饰品和战利品，当成向别人炫耀的资本。

有一位妈妈这样说道，自己平时和同事们在一起总是在谈论孩子的学习问题，朋友们聚会的时候，也都会带着自己的孩子。别人的孩子都很优秀，如果自家的孩子不跟上别人的脚步的话，大家在一起的时候，就会觉得很没面子。

喜欢用孩子的成就来为自己脸上贴金，这是一些妈妈的陋习，孩子的学习一时间成了妈妈们的攀比之物。当孩子在别人面前为父母挣足了面子、让妈妈们觉得脸上有光的时候，妈妈们就会拼命地去宠爱孩子，觉得孩子是一位“功臣”，希望孩子能够继续表现得很好，然后在以后聚会的时候，让自己更有面子。当孩子让妈妈在人前面子尽失的时候，妈妈们可能会气急败坏，然后对孩子大呼小叫。在无形中，当父母在对孩子进行这方面的教育时，“面子”就成了孩子主要考虑的因素。殊不知，这也是对孩子心灵的一种很强烈的摧残。有这种心态的妈妈们应该自问一下：我想做的事情我的孩子也一定想做吗？我的这种做法对孩子有什么好处呢？

"望子成龙、望女成凤"是天下父母的愿望，当然，这也是可以理解的。作为妈妈，都希望自己的孩子成绩最优秀，都渴望孩子成为自己的骄傲，为自己争光。于是，社会上便呈现出一种现象，那就是从平民百姓到高官巨贾，从普通工人到知识分子，工作之余谈得最多的就是孩子的成绩。孩子成绩出色的话，他们就会高声大嗓，眉飞色舞，觉得走路也变得舒服了，得意之情溢于言表；孩子成绩如果不如他人，不是在旁边保持缄默，就是低声叹息，总觉得自己是矮人三分的。因而在家庭里，孩子听的最多的话语就是："宝贝真好，这样的分数给爸妈长了脸，我们总算没有白辛苦！"或者"你怎么这么没出息，这个分数叫我怎么去见人？说说都丢人"。当然，不管是称赞也好，骂也罢，总而言之，在多数妈妈心目中，孩子的分数会直接和父母的面子挂在一起，似乎孩子的分数就是妈妈的脸面。

在女儿期末考试结束之后，学校举办了一次家长会，李霞参加了女儿的家长会。家长会成了父母聚在一起谈论孩子成绩的场合，大家说说孩子的学习，相互取取经、发发牢骚，当然也总免不了将孩子进行对比和夸赞。因为李霞的女儿一向成绩比较优异，大家都对她羡慕不已，这个说"看人家李姐的孩子多让人省心啊"，那个说"李姐，你有什么教育孩子的好办法也教教我们啊"，让李霞十分得意。

可是一公布成绩，李霞傻眼了：女儿这次的成绩很不好，只考了个班里的二十几名！尽管老师也劝说李霞，说孩子学习很努力，只是因为数学考试中的一道大题意外失手，才把成绩拉了下来，其他几门都考得很不错，希望李霞别去责备女儿。

可李霞却觉得这对自己来说简直是晴天霹雳。回到家后，李霞就把女儿叫到身边大声训斥起来："你这次考试是怎么考的呀？怎么会考得这么差，就因为一道大题，名次就这么靠后，怎么这么马虎，平时你都能考到班里的前三名，这回竟然考了二十几名！你知道当时我觉得多么丢人吗？你知道在家长会上妈妈多没面子吗？别的家长还要向我取经，结果我女儿考得还不如人家好呢！"

　　像李霞这样用孩子的分数来为自己挣面子的妈妈不在少数，孩子的成绩成了她们炫耀的资本。其实这是很不应该的做法，对孩子的发展也是很不利的。事实上，正因为孩子表现得不尽如人意，妈妈才更应该与老师多接触，真正发现孩子学习不好的原因，帮助孩子去改掉缺点，变得更好。与此同时，当孩子知道自己的成绩落后的时候，其实，他们的内心要比大人还难过，这个时候妈妈们应该去安慰和鼓励孩子，而不是因为自己"丢了面子"而责备孩子。孩子表现不好，同时妈妈又错误地把孩子的成绩看成自己的脸面，那么缺少沟通的孩子也只会越来越学不好。

　　当孩子的学习成绩出现了问题，首先要反思的就是父母。父母的训斥，从侧面反映出对孩子的放弃和不信任。这一切，都会使孩子在无形之中慢慢丧失应有的自尊和信心。而且，在目前的教育机制下，孩子的学习承受了很大的心理负担。作为父母，又怎能在孩子稚嫩的双肩上再强加"为父母挣面子"的沉重负荷呢？再说，父母是想靠孩子给自己挣面子呢，还是想让孩子一蹶不振呢？

　　因此，为了保证孩子能够健康成长，妈妈一定要纠正虚荣心，摒弃教育中的攀比现象以及急功近利的心态。那么，妈妈该如何去做呢？

1. 妈妈要尊重孩子的独立性

　　要知道每个人都有自己的人生梦想，孩子也是一样的。而孩子并不是妈妈生命的延续，也不是妈妈生命的简单重复，更不是妈妈人生道路的升级版，而是另一个生命的新开始。在生活中，妈妈们应该尊重孩子的独立性，让孩子做他们能做到的事，而不应该将孩子当作工具，为了实现自己未能实现的梦想，把孩子的独立性扼杀掉，只要求孩子为妈妈挣面子。

2. 不要以一次成败论英雄

　　作为妈妈，根本没有必要在考分上给孩子施加太多的压力，也并不是一次的考试成绩就能说明孩子的所有学习情况的。根本没有必要因为孩子偶尔的一次考试失误而感觉脸上无光，更不要因为这个问题而指责孩子，孩子是需要鼓励的，只有鼓励与理解才能够使孩子保持良好的学习兴趣。

3. 了解孩子，提出合理要求

从素质发展的角度来讲，应该配合学校进行教育，并且要尊重孩子个体的差异性，从孩子个性完整的视角来对孩子加以培养；多花一些时间来发现孩子的兴趣和特长，并且对孩子的各方面的情况进行全面的分析，正确估计孩子，在全面了解孩子实际水平的基础上，对孩子提出合理的要求。让孩子感受到生活的乐趣与亲情的温暖，从而培养孩子良好的性格和品格，这样孩子才会真正成功。

❋❋ 孩子也有隐私，需用心呵护

说到隐私、隐私权，很多人首先想到的是大人。如果说孩子也有需要被保护的隐私，可能大部分人会觉得有点儿不可理解。但实际上，孩子在很小的时候就开始在意自己的身体隐私，或者有自己的"小秘密"了。这就是孩子的隐私。你的孩子可能会想要自己上厕所，自己穿衣服或脱衣服，在自己的房间里看书，或是在你看不见的地方和小朋友玩耍。同时，他们还会有一些不愿让别人知道的事情，如爸爸妈妈吵架或离婚、自己身体上的缺陷、某次游戏得了最后一名、某次活动出了洋相、因为不听话被惩罚或者其他让他们觉得"丢脸"的事情。

安洋今年5岁，已经有一段时间没有尿床了，爸爸表扬他成大孩子了，他很高兴。但谁知乐极生悲，一天早上，安洋醒来的时候，发现自己的床单又湿了。他正不知该怎么办时，妈妈走了进来，看到安洋又尿床了，笑着大声叫爸爸来看："你来看，我们安洋又'画地图'了……"安洋一听，顿时红了脸，很不高兴地低下了头。

这天，本来应该由妈妈送安洋上学，但安洋怎么都不肯，爸爸问他为什么，他说："我害怕妈妈跟幼儿园的小朋友说我'画地图'。"

孩子的小心思妈妈可能不明白，也不知道他们费心掩藏是出于什么心理，或者说不能理解他们也会因为隐私泄露而害羞。但妈妈要尽可能地对他的这些做法和要求表示尊重，正像别人能够尊重自己的隐私一样。

孩子们最在意哪些事情？妈妈在遇到哪几类状况时要特别注意保护孩子的隐私呢？

（1）不要笑话孩子的生理缺陷。假如孩子身体上有一定的缺陷，如一紧张就容易口吃、私处有不好看的胎记，或者其他很容易令孩子感到自卑的地方。对于这些，妈妈要想办法为孩子"保密"，不要拿这个开玩笑，否则孩子会觉得无地自容。

艾华是个漂亮的小姑娘，只是臀部有一大块暗红色的胎记，形状像一个桃心。艾华的父母觉得这很有趣，于是从艾华婴儿时期开始，就爱在别人面前"展览"艾华屁股上的红色"桃心"。到了3岁的时候，艾华对这样的"展览"开始表现出不耐烦，时常有抗拒的举动。父母认为孩子只是有点儿"不好意思"，并没有在意。然而随着时间的推移，艾华的表现越来越反常，已经发展到一见到客人就躲藏起来，更是拒绝父母不断企图脱下自己裤子的行为。

如果艾华的父母能够换位思考一下，就会知道艾华为什么如此抗拒他们的行为，试想，谁会愿意将自己的臀部展示给别人看呢？孩子虽然还小，但也希望自己的私处受到保护，尤其是私处有不愿告人的小秘密时。所以，父母要体会孩子的心情，不要再将孩子的生理缺陷当作笑料展示出来。

（2）不要总提孩子不愿提起的从前。每个人都会有一些"不堪"的过去，或者犯过一些低级的错误。这些"过去"或错误也许是令他们自己想起来都很尴尬、很害羞的，因此他们希望这些被大家永远忘记，不要有人再提起。如果父母一直将这些挂在嘴边，孩子一定会觉得自己的隐私被扒开了，在被别人笑话。

娟娟已经长成一个 11 岁的大姑娘了。别看她现在很苗条，小时候可是一个十足的小胖墩儿。但是，哪个女孩喜欢被别人说自己胖呢？即使是从前，娟娟听着也很不顺耳。所以，每当别人提起自己小时候时，她总是格外敏感。

可是娟娟的妈妈偏偏不懂女儿的心思，每次家里来了客人，客人夸赞娟娟长得漂亮的时候，妈妈就会笑着补充两句："别看她现在漂亮，小时候是个胖妞儿，那脸蛋儿胖的，还有那游泳圈一样的大腿，啧啧……"娟娟每次听到这些话，都会生气地转身回自己房间去，不再理妈妈。

如果孩子不希望这些过去再被提起，妈妈就应该配合孩子，忘掉它，而不能总是揭孩子的"短"，这样不仅会伤害孩子的自尊，还会让孩子感觉自己在赤裸裸地被别人审视、任别人笑话。

（3）不要随便进入孩子的私人空间。孩子从 3 岁开始，就会希望有自己的秘密、自己的空间，家长这时已经不能再将他们看作小婴儿了，也不能为了探寻他们的秘密而私自进入他们的小世界。对于孩子来说，这也是侵犯他们隐私的行为，会让他们产生反感。

小玉有一个独立的小房间，里面有一个小抽屉，是她的"隐私地带"，她不准任何人碰这个抽屉。虽然她多次向家里人申明，但妈妈总是笑一笑，就当作没听见——她不理解，一个 6 岁的小女孩有什么隐私不能被别人看见。有一次，妈妈要给小玉收拾屋子，想也没想就打开了这个抽屉，见里面就是一些贴纸、绘画，也没什么特别的，于是简单整理了一下就关上了。谁知小玉回来之后，看出自己的抽屉被动了，顿时大发雷霆。妈妈非常纳闷：有什么呢？我也没有看到什么不能见人的东西，小玉为什么这么生气？

　　孩子希望有自己的空间，并不代表他们一定要藏一些"不可见人"的东西，他们只是希望自己能够得到别人的尊重，有相对独立的、属于自己的地方。因此，如果孩子指明了自己的某些地方不允许别人看，那么父母就不要不当回事，要尊重孩子的意见；当然，也不要去追究里面放了些什么。孩子稍大一些时，父母甚至不能再随意进入他们的房间，在进去之前要先得到他们的允许。这样，孩子才能充分感觉到自己的隐私是被尊重的。

　　在这个世界上，每个人必须有一些只属于自己的东西，才会感觉到踏实。比如一个爱人，一定的财富，几个至亲的人，另外很重要的就是有一定的独立空间。对于孩子来说，这一点同样成立。孩子作为一个独立的个体，也需要有自己的空间和隐私，这样他们才能有安全感，才能感觉到自己是被尊重的。

✿ 给予孩子信任，远胜于监督

　　信任孩子并不是说相信他们总做得对，而是要求妈妈们要坚信自己的孩子是独一无二的。在大多数情况下，孩子的行为应该和自己的年龄相符，而这个时候妈妈们就要相信孩子的这种能力，不要让孩子做一些和他们年龄不相符的事情，对此妈妈应该可以预见，所以不应为此烦恼或粗暴地对待孩子，而应运用适当的方法去激励他们。所以说在教育孩子的时候，信任比监督更有效，妈妈们从现在开始，要学着去信任孩子和自己，不要再去监督孩子。

　　信任孩子也不是由着他们来，更不是放纵孩子。他们在学习生存智慧的过程中仍然是需要妈妈们的爱护、支持和帮助的。然而有了信任，我们就无需控制孩子，更不需要去监督孩子，当孩子知道妈妈对自己十分信任的时候，他们会变得更加听话和懂事。与此同时，信任也能够给予我们耐心，让妈妈们懂得一些行之有效的办法，如和孩子合作去解决问题，帮助孩子坚持到底，甚至是开家庭会议等。所以在生活中，妈妈应该学会去信任自己的孩子，让孩子感受到来自妈妈的尊重，从而学会去尊重别人。

　　小露露已经上了一年级，她最不喜欢的一件事情，就是每次放学回家之后，妈妈总会监督自己写作业。每天放学回家，妈妈就会对露露说："今天留作业了吗？赶快写作业。"露露只能按照妈妈的要求，坐下来写作业，因为露露心里惦记着自己的玩具，所以写作业的效率也提升了。这天，露露只用了半个小时就将老师留的作业都做完了，在一旁监督她做作业的妈妈用怀疑的眼神看着露露，对露露说道："写完了？你是不是为了出去玩儿，语文作业没写？"

面对妈妈这样的问话，露露觉得很委屈，便回答道："没有，我刚才先做的语文作业，当时您还在厨房。"

"那怎么做得这么快，先不许出去玩儿，我检查一遍再说。"妈妈边翻着露露的作业，边嘟囔着，"等一会儿我得打电话问问你们老师，怎么就给孩子留这么点儿作业，这怎么能够让孩子更有长进呀。"

妈妈检查完作业之后，看到女儿做得根本没有任何问题，露露问妈妈自己是不是可以出去玩儿了，没想到妈妈却说："等一会儿，我打电话问问你们老师，看你是不是落下什么作业没做。"露露虽觉得很委屈，但面对妈妈不信任的态度，她也没有办法。等到最后，妈妈打完电话，确认露露没有骗她，才允许露露下楼去玩。从那次之后，露露在写作业的时候故意耽误时间，她觉得自己做得那么快，只会让妈妈怀疑自己。

有一种品德，是孩子从出生就具备的，那就是信任。但是在孩子一天天长大的过程中，妈妈出于对孩子健康或者是安全的考虑，出于对孩子的保护，往往会在无意中给孩子更多的不信任，尤其是面对妈妈的监督，孩子会觉得妈妈已经不信任自己了。孩子在成长的过程中，几乎时时刻刻都在被告知外界的危险，甚至在生活中，孩子也觉得妈妈开始不再信任自己了。妈妈开始监督自己写作业，监督自己和别的小朋友的玩耍，这会让孩子觉得对自己最好的妈妈也开始不信任自己了，那自己还怎么去信任妈妈呢？

那么在实际生活中，妈妈应该怎样让孩子信任自己呢？

1. 让孩子增强自我判断能力

妈妈希望能让孩子早日学会判断，辨别能力对于孩子是十分重要的，不管是在孩子的童年时期，还是等到孩子长大成人，孩子都要对外界的事物进行一些基本的判断。作为妈妈，应该教会孩子去判断，但是不要操之过急。很多妈妈都指望孩子在很小的时候就能拥有这些判断能力，但是要知道孩子在很小的时候，是不具备这种能力的。对孩子来讲，判断能力的形成是需要一个过程的，所以妈妈要尊重孩子成长的过程，让孩子慢慢增强自己的判断能力。

2. 不要食言

对于孩子来讲，妈妈说的话就要完成，如果妈妈没有实现承诺或者是让孩子失望了，那么在接下来的日子里，孩子会对妈妈产生不信任的感觉。这样一来，孩子自然会不喜欢妈妈的所作所为，就会违背妈妈的意愿。

3. 千万不要让孩子觉得自卑

一个自卑的孩子总是会觉得自己不能做任何事情，即便是去做，也会失败。所以说妈妈应该帮助孩子克服自卑心理，鼓励孩子去做自己能做的事情，这样一来，孩子自然会觉得妈妈是值得信任的，在信任妈妈的同时，孩子会尽自己的能力去做好每一件自己能做的事。

✾ 提供选择，让孩子感到平等

在马克·吐温的自传中有这样一则故事。

马克·吐温有一次去教堂听牧师的演讲，起初的时候，他觉得牧师讲得不仅精彩且十分动人，决定捐一笔善款。又是10多分钟过去了，牧师还在上面口若悬河地演讲着，马克·吐温便觉得有些不耐烦了，便决定就捐一些零钱好了。又是10多分钟过去，牧师还在继续演讲，丝毫没有要停下的意思，马克·吐温便决定"一毛不拔"了。等到那篇冗长的演讲终于结束的时候，马克·吐温不但没有捐款还从盘子里拿走了2元钱。

这个故事就告诉我们，凡事要把握一个度。当孩子做错事的时候，父母的批评教育也需要把握好分寸。过多的批评刺激，不仅不会得到良好的效果反而会事与愿违地让孩子产生逆反的心理。

这种刺激过多、过强和作用时间过久，而引起心理极不耐烦或反抗的心理现象，称为"超限效应"。超限效应在家庭教育中时常发生。例如，当孩子不用心而没考好时，父母会一次、两次、三次，甚至四次、五次地重复对一件事做同样的批评，使孩子从内疚不安变到不耐烦，再变到反感讨厌，被"逼急"了，会出现"我偏这样"的反抗心理和行为。

单纯地命令孩子或强迫他去做事，是在利用我们的权力，孩子当然无法在这些方面与大人竞争，这会导致孩子用其他的方法来抗争。

莎莎已经15岁了，妈妈成功地说服莎莎洗自己换下来的衣服。每到周末莎莎就把自己的衣服洗净、叠好、放好。然而有一个周末，妈妈发现莎莎的脏衣服堆了一堆却不去洗，就批评她，莎莎答应下次不会忘了。接下来的一周，莎莎还是没洗，她已经两星期没洗衣服，几乎没剩几件干净的衣服了。这次妈妈记起来要运用自然结果法，看看效果如何。她不再理会莎莎，莎莎的衣服留在那里没有洗，只好不换衣服，看她怎么办，但脏衣服的堆积似乎并没有使莎莎为难，她从脏衣服里拣出一些稍微干净一点的继续穿，心想：我就是不去洗那些衣服。妈妈天天看着那些脏衣服，越看越恼火，终于有一天，她发了火，狠狠地说了莎莎一顿，当着她的面扔掉了一些太脏的衣服。莎莎流下了眼泪，但心里却暗自高兴：你把太脏的衣服扔掉了，我还不想要那些衣服呢，正合我心意。妈妈把她拉到洗衣机旁，强迫她把衣服洗了："你记清楚了吗，下次记住及时洗衣服，否则没有衣服穿！"

莎莎没有按时洗自己的衣服，妈妈忍耐不住发了火，最终用强迫的手段让莎莎洗了衣服。其实，如果妈妈能耐心一些，可以再坚持几天，看一看最后莎莎怎么办，她不可能永远穿脏衣服。其实莎莎是想让妈妈看一看，她并不愿意让别人强迫自己干什么事情。她宁愿穿脏衣服，也不愿受妈妈支配。

对这件事正确的处理方法是，妈妈应该对莎莎不洗衣服不再提出意见。当妈妈将脏衣服的事交给莎莎管理时，就承认莎莎已足够大，可以自己处理这件事，不再需要妈妈操心，洗不洗衣服是莎莎的事。如果莎莎不洗，她就穿脏衣服。一个女孩子其实很小就开始爱打扮，爱干净，她懂得什么是美观漂亮、什么是邋遢肮脏。她不可能长期穿脏衣服，但她决不希望妈妈干涉。一大堆脏衣服堆到洗衣机旁，是对妈妈干涉的抗议。妈妈强迫莎莎洗衣服是运用权力，许多父母在无法实施有效的教育手段时，就会运用权力强制孩子就范，这是很武断的，也是很难成功的。妈妈感到她的权力地位受到威胁，因为莎莎不听她的劝告。当然妈妈也并非只有一个选择，除了运用自然结果法使莎莎自觉地洗衣服，还可以同莎莎谈话，发现她不洗衣服的原因。比如，先搞明白莎莎为什么洗着洗着就不洗了，不保持这种习惯了，会不会是莎莎有几件衣服旧了、小了，她不想穿了。如果是这种情况，妈妈耐心地和莎莎谈话，莎莎会告诉妈妈，她不喜欢哪几件衣服，就会避免一场斗争。

那么在生活中，妈妈应该怎样让孩子感受到平等呢？

1. 不强迫孩子去做事情

很多时候，妈妈都希望孩子按照自己的意愿去做事情，因为她们觉得只有让孩子按照自己的意愿去做事情，孩子才不会犯错，这样也才能够让孩子变得更听话。其实，这种强迫孩子做事情的办法，往往会打击孩子做事情的积极性，更会影响到亲子之间的感情。

2. 不包办孩子的事情

对于孩子来讲，很多事情他们能够自己做，只要是孩子能做的事情，妈妈就不要包办，让孩子尽量去自己做事情，让孩子明白什么事情是自己能做的、什么事情需要妈妈的帮助，这样孩子会有一种被尊重的感觉。

3. 面对选择，遵从孩子的想法

在生活中，孩子会有很多的选择，这个时候妈妈不要代劳，要让孩子自己去做选择，只有自己做选择才会让孩子知道什么是责任。只有这样孩子才会感觉到自己受到了尊重，如果孩子选择的不正确，那么妈妈可以好言相劝，千万不要强迫孩子按照大人的选择做事情。

✳ 避免诱惑，教孩子学会拒绝

现在的社会纷繁复杂，有一些不法分子经常会对孩子下手，诱惑孩子走歪门邪道，甚至拐卖孩子。比如，有的骗子用糖果诱惑孩子，有的人贩子在孩子单独行动时，以认识孩子的爸爸妈妈或亲友、带孩子出去玩等为由拐骗孩子……

作为妈妈，要多与孩子进行沟通，给孩子分析这些社会现象，揭穿这些坏人、骗子的真实面目，教育孩子在遇到这类事情时，一定要动脑子想一想，绝不能随便跟陌生人到任何地方去；如果是认识的人，也表示要回家告诉爸爸妈妈，必要时还要跟老师汇报，这些措施其实也是让孩子增强自我保护的能力。

睿睿在户外独自玩耍，一个陌生人走过来说："小朋友长得真可爱，叔叔抱你去看小猴，好吗？"睿睿不愿意去，这位叔叔又说："你爸爸和我是好朋友，他在公园门口等我们，让我抱你和他一起去看小猴。"睿睿点点头。正当陌生人要抱睿睿时，妈妈在楼上从窗户中探出头来发现孩子身处险境，急忙喊道："睿睿，快回家吃饭了。"听到妈妈的叫声，陌生人赶紧走开了。睿睿跑回家告诉妈妈这件事时，妈妈惊魂未定地说："睿睿，你差点上当受骗了，好险啊！"睿睿不解地问："这是怎么回事啊？"

孩子的防范意识是很薄弱的，妈妈要告诉孩子，无论在家里还是在外边，遇见自称爸爸妈妈同事或朋友的人，只要父母不在身边，就应该远离，不要理他们，也不要听他们的解释。如果需要的话，还要及时向老师或者是警察求助。妈妈不但要让孩子不要轻信别人，还要告诉她懂得拒绝陌生人的礼物。要让孩子明白，无论多么诱人的东西，只要不是自己的，不经过爸爸妈妈同意，就不能接受。

1. 教孩子学会识别谎言

在平时的生活中，妈妈应该告诉孩子，当遇见陌生人问路、敲门进屋或其他某些要求时，应保持警惕，这是不法分子诱拐孩子的常用手法。所以，不要理会陌生人的搭讪，并时刻保持警惕。

2. 告诉孩子不要只看外表

妈妈若让孩子画出陌生人的样子，一般她都会画出一个可怕的嘴脸。其实，那些真正想侵犯孩子的人一般都会装出一副和蔼可亲的面孔。据有关方面调查，对孩子进行伤害的嫌疑人中，90%是孩子认识的人。因此，妈妈要告诉孩子，在爸爸妈妈不知情的情况下，不要单独在外过夜，即使是认识的人，也不要轻易跟他到陌生的地方。

3. 训练孩子的灵活应变能力

妈妈可以这样教孩子，当孩子自己一个人在家，遇到陌生人敲门时，可以让孩子大声说："爸爸，门外有人找你！"或者打开家里的电视、音响，让不法分子误以为家里有大人，而不是一个人去给陌生人开门。如果陌生人说自己是煤、水、电气等的修理工或是来收各种费用的，妈妈也要教导孩子不要轻易去开门。必要的时候，可拨打"110"求助警察。

生活中分辨好人坏人并非那么简单，因此，必须在平时的生活和实践中培养和训练孩子的辨识能力，提高分辨是非的本领。妈妈要提醒孩子，除了学习、玩耍之外，还要多一点自我保护的意识，以保证自己的人身安全。

✦ 将你的期望明确告诉孩子

很多妈妈会认为有了孩子会放弃很多东西，其实不然。贤明的妈妈确实并且应该期望从她们的孩子那儿得到一些报答，这是很自然的事情，不是要孩子对自己的出生和受抚养表示感谢，而是希望孩子能够充满深情和心甘情愿地考虑甚至是接受来自父母的标准和理想。父母都希望孩子幸福地生活。

妈妈如果在要求孩子有合理行为的时候是过于犹豫的，那么孩子可能会认为是在做自我牺牲，如果妈妈强迫自己的孩子去完成自己的愿望，那么孩子会觉得自己的权利遭到了侵犯，根本没有耐心去实现妈妈的梦想，对于妈妈来讲，做任何事情肯定是为了孩子好，但是不管是做什么事情，都要掌握方法，不要让孩子有压力，即便妈妈希望孩子能够按照自己的意愿去做事情，也要温柔地去告诉孩子，千万不要让孩子感觉到自己没有了自由。

妈妈希望孩子能够成才，这种望子成龙、望女成凤的思想是可以理解的，但是即便是这样，也不要强迫孩子做他不愿意做的事情。妈妈不妨去为孩子找一个更好的方式，让孩子能够找到适合自己的发展途径，只有这样孩子才会做得更好，才会愿意去接受妈妈的期望。

在生活中，我们经常会发现这样的情景，妈妈对刚上小学的孩子说道："宝贝，你是不是愿意像隔壁的阿姨那样，上了小学然后上中学，又考上大学，然后到美国去读书呢？"孩子听了妈妈的话，问道："妈妈，大学是什么样的呀？美国在哪儿，那里很漂亮吗？"妈妈回答道："上大学是一件很有面子的事，美国就是国外，到美国是别的小朋友都会羡慕的事，反正是一件很好的事情，你愿意听妈妈的话，好好学习吗？"孩子似懂非懂地点了点头，眼里却露出一丝丝茫然。母亲又接着强调地说道："好好学习的意思是要门门功课都要考 100 分。"孩子又是一阵点头，并且在妈妈的"威逼利诱"下保证："要听妈妈话，做个好孩子。"

这便是典型的大人对孩子的"误导教育"，这种做法对孩子的成长并不一定有好处，在生活中，如果妈妈对孩子有自己的期望，那么不妨直接讲出来，而这种引诱的方式往往会让孩子觉得自己的生活很被动，甚至会让孩子有一种很无奈的感觉。因为孩子的理解能力是有限的，这种掺和了大量成人好恶观点的信息，便将某种"强迫"的思想灌入了孩子幼小的心灵。

妈妈都希望自己的孩子能够很好地发展，甚至能够继承自己的愿望，带着自己的期望去很好地发展。其实这种思想本身并没有什么问题，但是在和孩子沟通的时候，一定要按照孩子的思维，和孩子进行沟通，不要夹杂太多成人的观点。要让孩子明白或者能够听懂你在说什么，只有这样孩子才会更好地实现你的愿望，才不至于出现叛逆心理。有的时候，妈妈为了能够让孩子按照大人的意愿去做事情，为了让孩子能够实现大人的理想，会下力气让孩子去接受自己的思想，不管是强迫还是引诱，只要孩子能够按照父母的思想去学习，妈妈就觉得开心，但是妈妈似乎没有想过孩子当时的心情。那么在生活中，妈妈在跟孩子说出自己的期望时，应该注意什么呢？

1. 告诉孩子父母的期望之后,可以询问孩子的愿望

孩子虽然年龄小,但是也有自己的愿望,同样,孩子也会尽量去理解父母的愿望。因此,在妈妈想要孩子按照自己的期望做事情之前,还是要明确地告诉孩子自己的期望是什么,不要拐弯抹角,更不要去引诱孩子。要用简单的语言去告诉孩子,尽量保证孩子能够明白你的期望是什么。当你在表达清楚之后,孩子或许会理解父母的期待。但是妈妈在表达出自己的期望之后,千万不要忘了去询问孩子的愿望是什么,如果妈妈认为让孩子知道父母的期望就行了,那么孩子可能会很难接受你们的思想。这个时候很有必要去了解孩子的愿望。虽然孩子的岁数还小,但是他们也有自己的愿望以及自己的理想,因此,在生活中,妈妈不妨去想一想孩子的梦想,听一听孩子的愿望,这样有助于妈妈进行下一步的安排。

2. 当孩子对父母的期望有所排斥时,可以暂时让孩子按照自己的愿望做事情

很多时候,孩子对父母的愿望都会产生排斥的心理,孩子会想:你们大人总是喜欢将自己没有实现的愿望强加在我的身上,我也有我自己的愿望。父母发现孩子对自己的愿望或者是期望有所排斥的时候,千万不要去责骂孩子,更不要去打骂孩子,要学会站在孩子的角度去思考问题,虽然父母的期望都是爱孩子的表现,但是不要让你的爱给孩子造成负担。在这个时候,父母要理解孩子,让孩子按照自己的愿望去做事情,或许这样孩子会变得更加开心和积极,不管是面对什么事情,孩子也会有更大的积极性。所以当父母发现孩子有排斥思想时,要尊重孩子的愿望,理解孩子,让孩子按照自己的想法做事情。

第7章

多鼓励少说教，
让孩子学习更轻松

做任何事，都是有方法的，孩子的学习也是一样。学习不是一味地死学，"死心塌地"地学，讲求方法，才能事半功倍，才不会做无用功，学习就变成一件轻松、有趣的事。讲求方法，就能提高学习的效率和质量。

✳ 化解对老师的不满：让孩子喜欢上学习

当孩子对老师不满时，要先化解他对老师的不满情绪，才能重燃他的学习兴趣。

美琪的儿子小隆读小学三年级，她对儿子在学校里的表现非常在意。因为生怕老师会不喜欢小隆，所以每天小隆放学回家后，她便迫不及待地询问儿子在学校的情况。

美琪："今天上课上得怎么样啊？"

小隆："简直糟透了！我一直举手，但老师只叫小明，不叫我！"

美琪一听，立刻打电话到学校，一股脑儿地发泄对老师的不满。

事实上，老师并不会刻意地偏袒任何一个学生，而且小隆的成绩很好，老师也期待他能成为班上的带头人。但是，在美琪打电话到学校之后，老师与学生的关系产生了裂痕。受老师态度的影响，小隆后来在课堂上也很少再举手了。

确实，有的老师对某些学生会比较严厉，对某些孩子则比较宽厚，或对某个学生比较忽略，与某个学生互动频繁。这种偏心的老师往往会招致学生的讨厌。做父母的，如果自己的孩子被老师忽略，也一样会无法忍受。举这个例子的目的，并不是要讨论老师是否真的存在偏爱学生的情况，而是想让妈妈知道，孩子如果对老师有不满，而妈妈又去强化他的这个想法的话，最终就会影响到他的学习兴趣。由于妈妈不能陪着孩子一起上课，所以，只能从孩子的描述来判断上课时的状况。因此，当听到孩子说"只要我做什么事，老师就会立刻骂我""即使我举手了，老师也不给我任何机会，真是无聊！"这样的话时，妈妈以怎样的态度应对，则是非常重要的。

如果妈妈不清楚情况，就根据孩子的描述妄下结论，对孩子说出"老师为什么只批评你一个人？""作为老师，怎么老是叫同一个学生发言呢？"等不信任老师的话，这样的态度其实对老师和孩子都没有好处，只会破坏原本和谐的师生关系。其实，当妈妈说出这种不信任老师的话时，受伤害最大的是孩子。因为在妈妈的附和下，孩子会认为自己对老师的看法是正确的，认为老师真的对自己有偏见。

即使老师真有偏爱的情况，一个爱孩子的家长也不会在孩子面前否定老师的行为，一般会谨慎地注意自己的措辞，同时还会利用这个机会引导孩子从不同的角度看待事情。例如，他会对孩子说："老师只责备你一个人，说明老师特别看重你。因为喜欢你，希望你做得更好。""老师没有点名叫你，应该是认为你还要更用功。虽然这次没叫你，但你不能因此就不信赖老师了。等到以后大家都没举手而只有你一个人举手时，就可以证明你是特别认真学习的孩子。"

如此沟通，不但可以消除孩子"被老师冷落"的感觉，让他更加信任老师，还可以趁机引导他从不同角度分析问题，进而促使他学习更积极。

❋❋ 让孩子在劳逸结合中快乐地学习

为人父母的都知道，劳逸结合对一个人的健康和发展是多么重要。身处成长中的孩子，面对强大的学习压力和繁重的学习任务，为了能够实现自己的升学梦想，为了不辜负父母的期望，经常承担着超负荷的学习重任。或许妈妈们感受不到孩子们的辛苦和疲惫，但是无论如何，让孩子在劳逸结合中享受学习，体验生活，让孩子在学习之余停下来休息一下都是很有必要的。

一位妈妈跟她的同事说："很奇怪，我的孩子这礼拜回家，面对一桌丰盛的饭菜，不再像往常那样狼吞虎咽了。他只是用充满疲惫的眼神扫了饭桌一眼，然后有气无力地说，'我现在不想吃饭，我只想尽情地睡上一觉'。"

这位妈妈以为孩子生病了，于是赶忙摸了摸他的额头，并没有发烧。孩子推开妈妈的手，说："老妈，我没有生病，只是非常困倦，现在我们学校中午又加了一节自习课，原来中午还能在教室休息半个小时，现在有值班老师'查岗'，不允许我们睡觉。"说完，衣服也不脱就一头扑到床上，几分钟后便鼾声而起。

如今的孩子面临着沉重的学习任务，他们不得不在休息时间里学习，结果只能使他们变得身心疲惫。因为缺少充足的休息，长时间用眼，也使许多孩子的视力大受影响。专业机构对在校青少年近视高发的现状做了相关调查，他们对这种态势表示了忧虑，呼吁父母们要注意让孩子的眼睛休息。

　　一位学生在日记里透露，上高三的那段时间，父母为了让他每天多学习一会儿，便将他晚上学习的时间延长到 11 点半，而早晨 5 点就要起床。在学校里，每天要上 13 节课。课堂上他总是不停地打哈欠、打瞌睡，整天晕头转向，学习效果非常糟糕，而且视力严重下降，最后不得不戴上近视镜。

　　古人说：欲速则不达。望子成龙、望女成凤是大多数父母的心愿，可是如果我们让夏利车照着奔驰车的速度跑，用不了多久，就会出现严重的问题。身体是学习的本钱，妈妈要在关心孩子身体健康的前提下，帮助孩子合理安排学习时间，并适时让孩子停下来休息一下，才能保证孩子有效率地学习，孩子才有希望实现自己的梦想。

　　小辉是一位上小学的孩子，每天清晨他都极不情愿地从被窝里钻出来。就算是周末，他也必须早起，因为他的父母给他报了特长班。一个周末的早上，小辉一边啃着面包，一边小心地问母亲："妈妈，今天晚上我能看会儿动画片吗？"看到妈妈还未作答，小辉又急忙补充道："我的作业全都做完了。"当妈妈点头表示许可时，小辉开心地欢呼起来。

　　一天中午，刚刚上完美术课的小辉和妈妈一起去吃"肯德基"。"妈妈，回家后看看我今天画的蜡笔画。"小辉边吃边向妈妈"汇报"，"画的是气球，回家拿给你看。"难得的午休过后，小辉又要去上数学特长班。朋友和同事曾劝小辉的妈妈给他多一点休息时间，但小辉的妈妈无奈地说："我知道孩子这样太累了，可这些课真的很有用。学过奥数后，上数学课就轻松多了。"

　　忙了一整天的小辉一回到家就迫不及待跑到电视机前看动画片。刚看了没多长时间，妈妈又催小辉回房间做作业。

一次放学回家，小辉和妈妈走到家门口，看到几个小朋友正在踢球，小辉的脸上露出了羡慕的表情，他央求道："妈妈，让我和他们玩一会儿球吧？"妈妈否定了小辉："做完作业再来踢球。"小辉赶忙对那些小朋友说："你们等我一会儿，我马上就来。"可是一个小朋友摇了摇头道："我们也只能玩一会儿，等下还要回家写作业呢。"多次协商无果后，不情愿的小辉只好跟着妈妈回家了。

正值童年的孩子，本是天真烂漫、活泼好动的年龄，而有的妈妈却把他们整天关在房间里，把他们束缚在学习上，他们甚至连基本的休息时间也得不到保证，这对孩子的健康成长是不利的。

面对孩子在学习上的不堪重负，妈妈有这样两种常见的态度。有些妈妈认为应该多给孩子们一些休息和玩的时间，毕竟孩子正在长身体的阶段，健康快乐地成长是最重要的。而有的妈妈则认为，现在的苦是为了孩子将来能考上好大学，这些都是值得的。然而，许多妈妈内心非常矛盾，既想让孩子轻松一点，又希望他们成绩不要落在别的孩子后面。

事实上，孩子学习之余的生活本可以丰富多彩。只要妈妈抱着尊重孩子的心态，理解孩子，让孩子学会做自己的主人，积极让孩子参加各种有意义的活动，提高孩子的综合素质，而不只是一味地学习，这样孩子才能在将来的竞争中处于领先地位。妈妈应尊重孩子的选择，多给孩子一点休息时间，让孩子在劳逸结合中快乐地学习，快乐地生活。

✵ 告诉孩子，学习不是一件"苦差事"

我们经常听见有些妈妈对孩子说"你要好好学习，现在苦点没有关系，等考上大学了就有希望了""现在吃点苦，将来才有出息"之类的话。这些话包含了两层含义：一是要求孩子努力学习，二是学习本身是件辛苦的事。

但是，这些家长却不知道人有着避苦求乐的本能，当孩子自己还没有体会出学习的乐趣时父母就给他暗示学习是件苦差事，这样，孩子会先入为主地认为学习是件苦差事，可能会本能地逃避学习。

洛悦今年刚上七年级，这学期他们要学习一门新的课程——物理。在上这门课之前，就听高年级的同学说，物理是一门很难学的课程。父母也对他说："学物理可不是一件轻松的事情，尤其是对女孩子来说，一定要很认真才行。"

这些话都在洛悦的心里留下了阴影。从上第一节物理课开始，洛悦就高度紧张，生怕错过老师说的每一句话，从而导致后面的课程更加听不懂。就这样，一节课下来感觉就好像跑了 800 米一样累。

没过多久，洛悦就感觉上物理课是一件很累人的事情，尤其是当班里很多同学都说物理课听不懂的时候，她也开始放弃了。就这样，期末考试的时候，洛悦的物理只考了 52 分。

洛悦的父母很生气，决定暑假的时候给洛悦请一个物理老师补补课，可是，老师还没有请来，洛悦自己就很头疼："爸爸妈妈，上物理课太累了，我不想补习。"

美国教育学家杜威认为："凡是所做的事情近于苦工，或者需要完成外部强加的工作任务的地方，游戏的要求就存在。"所以，妈妈一定要懂得"游戏是儿童的天性"。对孩子来说，玩耍和学习本来是不冲突的，愉快教育已经成为教育的新理念，让孩子以游戏的心情愉悦地学习，学习效果或许会更好。那么，作为妈妈怎样帮助孩子进行愉快学习呢？

首先，愉快学习就要求孩子劳逸结合。孩子每天睡眠充足，学习时精力才充沛，才能高效地学习。心理学家认为小学生需要的睡眠时间为 10 小时，初中生需要的睡眠时间为 9 小时，高中生需要的睡眠时间为 8 小时。

调查发现，睡眠不足不但影响孩子生长发育，学习效果也不好。学习时的状态就相当于无限度地拉一根橡皮筋，橡皮筋拉得超过了"弹性限度"就很难再恢复原状。"超负荷学习"就是超过了"弹性限度"，孩子只会感到疲惫，根本无法体会愉快。所以，妈妈不要老盯着孩子，要求孩子一直学习，这是不科学的，也有害无益。

其次，根据注意力的特征，要使孩子的注意力长久地集中在一件事、一个对象上是很困难的。很多孩子学习时出现分心现象，就是注意力不稳定、注意力分散的原因，因此，要求孩子一直注意力集中地学习是不符合中小学学生的客观规律的。因此，当孩子学习累的时候，妈妈要允许或者建议孩子休息片刻之后再学，这样学习的效率也会提高。休息的方法有很多种，睡觉是其中一种，特别是要养成午睡的习惯，这样下午和晚上都会精力充沛；此外，体育锻炼也是一种很好的休息方式，不但能放松心情，还可以锻炼身体。总而言之，劳逸结合才能有效地学习，学习才可能是愉快的。

最后，愉快地学习就要求孩子从学习的压力中解放出来。妈妈要善于观察孩子，如果发现孩子的压力来自他自己，就要给孩子找些放松的方法，如发展一下其他方面的爱好，或者出去放松放松。另外，妈妈不要给孩子施加太大的压力，孩子是一个有着独立意志的个体，有着自己的喜怒哀乐，即使是学习，也要结合孩子自身的特点给予指导，而不是要求孩子必须考多少名、多少分、考什么学校。如果家长无时不监管着孩子的学习，无视孩子的兴趣点，抹杀孩子的个性，让孩子做学习的奴隶，这样对于孩子来说，学习就真的成了一件苦差事。

学习是人探究自然界、认识自身的途径，是一个人从无知到知之较多的过程，应该是知识和幸福积累的过程。妈妈一定不要好心办了坏事，天天督导孩子“下苦功学习”“刻苦学习”，结果却让孩子感到学习是一件苦差事。

给把学习当成负担的孩子减减压

生活的快节奏和竞争的压力，使家长对孩子的要求越来越严格，他们对孩子的期望值也随之越来越高。在父母和老师的“高压政策”下，孩子背起书包就像背起“炸药包”那样沉重。越来越多的孩子在家长和老师的双重压力下被动完成学习任务。时间一长，许多孩子便产生了厌学情绪。

晚上10点了，妈妈还在陪儿子赖颖写作业，“你别抠你的手指了，快点写，你看看都几点了，明天你不要上学呀？”妈妈看着不紧不慢的赖颖催促着。

“急什么，大不了明天和老师请假不去上课了，反正上课也没有意思。”

“你说什么？不去上课？你最好想也别想，快点写！”妈妈很生气。

“写就写，有什么了不起的，你上学的时候肯定也和我差不多。”赖颖小声地嘟囔着。啪！妈妈拍了赖颖的后背一下，“嘟囔什么呢？快点写！”赖颖悄悄地翻一个白眼，继续奋战在那可恶的数学习题上。

半个小时后，赖颖伸了个懒腰，把书本一推，对妈妈说："我做完了。累死我了，我要睡觉了，明天还得去上课。烦死了。"

"这有什么好累的。还烦，我看你是欠揍。"

"本来就很烦的，我讨厌学习，一点儿自由都没有。"说完，赖颖也不理会妈妈，就直接回屋睡觉去了。

很多孩子都会感觉到累，上一堂课也累，写作业也累，假期补课更累。当这种累的感觉越来越强烈的时候，孩子就会把学习当成一种负担，就会讨厌去上学。有些大胆的孩子甚至还会背着父母逃课，或者是谎称自己生病，请假不去上课。这种现象在中小学生中是很普遍的。

当孩子说累了、烦了的时候，家长不要认为孩子只是无理取闹，也不要觉得孩子只是不懂事而已。实际上，这个时候孩子是真的烦了、累了，他们需要家长给予更多的关爱。那么妈妈该怎样给孩子的学习松松绑呢？

1. 不要给孩子制订不切实际的奋斗目标

家长一味地强调孩子每次都要拿"第一"，而不顾孩子自身的实际情况，会直接地给孩子造成巨大的压力。有的妈妈为了让孩子达到目标，还不断地约束孩子的行为，时间久了，孩子就会倍感压抑。

2. 让孩子有足够的休息和娱乐时间

孩子休息不好，没有足够的睡眠，就会感到身心疲惫，自然学习做事都无法集中精力。因此，妈妈一定要让孩子有足够的时间休息。游戏是缓解孩子压力的最好途径，当孩子沉浸在快乐的游戏中时，压力就会被孩子所遗忘。

3. 尽量让孩子感觉学习是件很简单的事情

家长在辅导孩子写作业的时候，一定要有耐心，如果某道题讲了很久孩子还是不会，家长也不要心急，千万不要因为孩子"笨"而发脾气。父母要努力让孩子觉得学习很简单。当孩子成功地把一道题解出来的时候，家长要马上说："我说很简单的，对吧。"尽量给孩子营造一种轻松的学习气氛。

如果孩子考试不理想，妈妈千万不要责骂孩子，要静下心来帮助孩子分析没有考好的原因，给孩子讲解他不会的知识点，然后，要鼓励孩子下回考出好成绩。

转变学习态度，让孩子主动学习

有的妈妈总是抱怨自己的孩子不知道学习，或者学习总是很被动，只有当老师或者是家长逼着他学习的时候，他才会去学习，并且表现得很不情愿。

如果你仔细观察用餐时的状况，便会发现成人和孩子间有一个很大的差异，那就是成人一般都会将自己喜欢的菜肴留待最后再吃，而孩子却往往由自己喜欢吃的菜开始吃。孩子的学习也存在这种心理，每当遇到自己不喜欢的科目时，便会在课堂上打瞌睡，所以总是挨老师的训斥。孩子做功课总是先做自己喜欢的科目，而留下不喜欢的科目，这样他不喜欢的科目自然一直没有起色。遇到这种情况，不妨让孩子先做自己不喜欢的科目，再做自己喜欢的科目，这样才能较好地克服避免不喜欢科目的心理。因为孩子若不先把不喜欢的科目做完，便不能做自己喜欢的科目，于是只有硬着头皮向讨厌的科目挑战。一般来说，让孩子从自己讨厌的科目做起，做完之后再做喜欢的科目，这样更能提高孩子的学习欲望。

有时，孩子不想用功做事，不想用功读书，不想帮父母做家务，这时，最好利用"同步心理"让孩子去做原本不想做的事。举例来说，当迷你裙流行时，许多女性不管自己的腿部曲线是否修长，都纷纷赶时髦。这种要和其他同伴一样的想法就是一种"同步心理"。人都有"同步心理"，喜欢和他人有相同之处，以免受到朋友的排斥。

孩子的生活领域比起成人的世界,"同步心理"的影响更大,对孩子来说,没有一件事会比离群的感觉更可怕。例如,孩子央求父母买某种东西,而父母不答应时,他便会理直气壮地问道:"人家隔壁的小明都有,为什么我没有?"这是孩子最常使用的"理论"。做妈妈的不妨用这种孩子唯恐离群的不安心理,激励孩子用功,可以说是以子之矛攻子之盾,这样能迅速击中孩子的心理弱点,使其主动学习上劲。此外,这种方法也可以用在其他方面。比如,孩子不愿帮忙做家务时,可以对他说:"隔壁的小明都会帮忙做家务呢!"相信大部分的孩子在听了这句话后,都会很乐意协助母亲的。

马力从小就不喜欢学习,每次老师留作业他都懒得做,不管妈妈怎么逼迫他,他宁可被骂也不想去做作业,对于孩子的这种心理和行为,作为妈妈的秦霞十分生气,但是终究也没办法,为这件事情她很苦恼。

一次,秦霞看到自己的同事教育她的孩子,突然灵机一动。这天下班回家,她看到儿子在看电视,然后坐在儿子旁边对他说:"儿子,看什么电视呢?"

儿子边看电视边回答:"变形金刚。"秦霞接着问儿子晚上想吃什么,然后秦霞便去做饭了,这次她没有逼着儿子去写作业。在吃饭的时候,儿子显得很开心,似乎是因为妈妈没有逼迫自己去学习的缘故。此时秦霞说道:"儿子,今天我跟李阿姨、周阿姨做了一个计划。"儿子好奇地问什么计划,秦霞说道:"我们打算这个暑假去旅游。"儿子嚷嚷着也要去,秦霞说道:"我们商量好了,每个人都要带上孩子,所以儿子你肯定也能去,但是有一点我要给你说好,两位阿姨要求她们的孩子在玩儿的时候掌握一些知识,所以说去旅游的时候肯定会做一些小游戏,这些游戏是关于学习的知识的。儿子,你要做好准备,不然到时候让她们两个人的孩子领先了,那妈妈就太没面子了。"儿子似乎要说什么,秦霞继续说道:"我们还商量好了,谁的表现最好,我们三个大人会分别送给他一个礼物。"儿子立刻回答说道："我一定要得到礼物。"

从那之后，马力回家第一件事情就是做作业，并且比平时认真多了，就连老师也夸奖马力这段时间表现得很好，功课也有长进。

不要为孩子安排过于舒适的环境。

有位小学四年级的小男生，他是家中的独生子，生性活泼，经过智力测验发现，他的智力比同龄的孩子高出甚多，他的父母和祖父母都深深地以他为傲，决定要给他一个最好的读书环境。这位男孩子幸运地诞生在一个经济环境很好的家庭中，与学习有关的生活条件一样不缺。但是意外地，他却慢慢开始改变了，读书虽然仍旧认真，但总是少了那么一点干劲，不再有向功课挑战的决心了，成绩也逐渐退步了。后来经过专家分析，认为主要是由于物质环境太好的缘故。如果对一切都很满足，就不会产生打破现状、努力突破的前进欲望。

"我的孩子凡事都提不起劲""都要考高中了，孩子还不懂得自动自觉地读书""孩子的成绩不好，我为此请了家庭教师，可是他自己却不用功，补习费等于白花了"。这是一般妈妈们经常面临的烦恼。面对孩子的成绩没有长进，妈妈们总是在想尽办法让孩子去学习，似乎只有报了一些补习班，孩子的成绩才会提高，孩子才会花费更多的时间在学习上，但是妈妈们却不知道，这种被动的学习方法只会让孩子对学习更加抵触。

那么作为妈妈，要怎么样让孩子的学习变得主动，由"要我学习"变成"我要学习"呢？

1. 给孩子适当性的报酬

报酬并不单指具体的物质或金钱，还包括此种行为能被肯定的精神性报酬。同时，当孩子产生这件事自己办不到，或是这件事太困难等先入为主的想法时，也会失去干劲。不管任何事，只要能产生自己去做便能完成的达成感，这感觉就会成为支持孩子干劲十足的一个重要原因，这就是"达成原则"。一件事并不困难，完成之后也可得到报酬，可是有些孩子因为对此不感兴趣，所以不愿去做。反过来说，一件工作完成之后虽然没有报酬，还有一点困难度，但若是孩子对它感兴趣的话，仍然会干劲十足。

2. 强化孩子学习目的

一件事如果拥有强烈的目的意识，完成后就会获得很大的成就感，在内心形成一种积极的心理，这种积极心理也会对孩子做的其他事情有很大的促进作用。所以，妈妈要强化孩子的学习目的，让孩子干劲十足。

✵ 开展心灵对话，对症下药治愈厌学心理

厌学心理是指学生对学习不感兴趣甚至有厌恶之感，从而逃避学习的一种心理状态。厌学心理最直接的影响是学习成绩下降。此外，专家认为厌学心理还危害孩子的身心健康。

很多家长对厌学心理存在误解，认为只有不聪明、不努力、成绩不好的孩子才会产生厌学心理，实际上，一些成绩不错的学生偶尔也会产生厌学心理。

飞飞是一所重点初中的学生，升入初三后，面临升学考试，父母开始天天盯着他的学习情况。但是，原本成绩还不错的飞飞，最近却越来越不爱学习了，成绩也有所退步。

眼看着中考的时间一天天临近了，飞飞的父母特别着急，而飞飞却根本没把此事放心上。以前回家就看书的飞飞，现在回到家里不是看电视，就是对着电脑玩，并且情绪也越来越焦躁。

妈妈实在着急上火了，就问他："飞飞，你是怎么回事啊？怎么考试的时间越来越近了，你反而没以前爱学习了呢？"飞飞说："没有啊，我和以

前一样啊，只是一看到班里的中招倒计时牌就感到压力特别大。"妈妈说："你这样可不行啊，压力大了才能促进你学习，老师是为你们好的，你怎么不领情呢？"飞飞说："妈，我本来就够烦的了，你别说了好不好。再这样的话，我就更不想学习了，学校的门我都不愿意进去。"妈妈又要说话时，飞飞转身钻进了自己的房间。

飞飞的妈妈开始怀疑，飞飞是不是产生了厌学心理。

专家认为厌学心理并不仅是因为对学习本身不感兴趣而产生的，还和学习之外的一些因素有着直接的关系。

学习之外的主要因素有：①孩子自身对学习的认识会影响孩子的学习兴致，如果孩子认为学习无用，自然就不会对学习很上心，久而久之就很容易厌恶学习。②学习压力的大小。如果学习压力过大会让孩子陷入焦虑、害怕的状态，学习的热情和主动性就会降低，从而产生厌学心理。③来自家长和老师的压力。家长和老师的期望太大会让孩子感到有压力，觉得考不好就无法给家长和老师交代，面对老师和父母关于升学的提醒时就会产生反感，严重者会发展到厌学。④学习中遭受的挫折。当孩子学习非常卖力但考得不好时就会产生受挫心理，就会认为自己是"差生"，从而厌倦学习。⑤人际关系的影响。当孩子和周围的同学关系处不好时，就会产生心烦等一系列的情况，而这种情况慢慢地会让孩子讨厌上学、厌恶学习。

帮助孩子战胜厌学心理，妈妈一定要找到孩子厌学的原因，对症下药，进而唤起孩子学习的兴趣。

1. 消除学习无用论

现在很多孩子觉得学习无用，认为即使上了大学，毕业后也是为了挣钱生存，不如早点出去闯天下。面对这样的孩子，妈妈要耐心地讲道理，让孩子明白学习除了能满足人的生存需要，更重要的是丰富一个人的精神世界，让人生更有意义。

2. 不要给孩子过大的压力

很多妈妈认为有压力才有动力，但是，学习兴趣绝对不是逼出来的，需要慢慢培养，只有孩子自己感觉到了学习的乐趣，在学习中体验到了快乐，才愿意主动学习。当孩子压力过大时，妈妈要宽慰孩子，鼓励和支持孩子，帮助孩子树立自信。

3. 帮助孩子建立和谐的人际关系

妈妈一定要细心观察孩子情绪的变化，孩子有不良情绪时及时疏导。此外，父母一定要多带孩子出去长见识，参加各种活动，和不同的人交往，养成良好的交际能力和心理素质。

总而言之，孩子厌学是不同的原因导致的，妈妈要对症下药，唤起孩子对学习的兴趣。

✿ 轻松的环境能让孩子学习进步

曾经有位美国儿童教育学者指出，孩子自由玩耍会更有利于健康。妈妈要尽量避免将孩子的时间塞满各种活动和课程。所有的孩子都需要有一些无所事事的、随性的玩耍时间。唯有这样才能让孩子的想象力变得无拘无束。妈妈应该放慢脚步，抛开自己紧张的行程表，跟着孩子的节奏享受生活。

王娜很郁闷，因为自己的儿子总是学习跟不上去，班级中有30个学生，而自己的孩子考试却考了第二十七名，这让王娜很难过。

因此，儿子一回家，王娜就逼着孩子做作业，还给孩子买了很多的课外书，希望孩子自己多学习。她觉得只有孩子多用时间去学习，刻苦一些学习成绩才能有所提高，但是却不知道这样往往会让孩子更加厌倦学习。

因为在学校要学习，回到了家也要学习，这就让孩子感觉很不开心。在后来的考试中，儿子的成绩还是没有提高。后来，王娜听朋友说他的孩子学习很快乐，因为朋友经常陪孩子学习，并且帮孩子找到学习中开心的事情，这让王娜想到了可能是自己逼迫孩子学习，不给孩子空间所导致的。于是她按照朋友的方法陪孩子学习，渐渐地发现孩子的成绩慢慢提高了，现在儿子的成绩已经进入了班级的上等。

妈妈们都希望自己的孩子能够做得更好，却很少注意到自己给孩子营造的学习环境或者是孩子的心情。其实，并不是紧张的环境才能够让孩子努力学习，轻松的环境一样能够让孩子学习进步。如何让孩子快乐、健康地成长，有关专家给家长开出五剂"药方"。

1. 为孩子创造民主的家庭氛围

民主和谐的氛围有助于孩子养成团结友爱以及积极向上的良好品质，如果家庭中总是争吵不断，那么这种环境是十分不利于孩子性格的成熟的，往往会导致孩子性情暴躁、行为放纵、自私。妈妈应正确处理家庭成员的关系，要做到以理服人、以情感人，使家庭成为孩子生活的乐园。

2. 多和孩子进行心灵沟通

由于孩子年龄还小，社会阅历是很有限的，他们往往难以排解自己的不良情绪，这个时候需要妈妈多和孩子进行心灵的沟通，然后及时地去分担孩子的烦恼，最后做好积极的引导工作，最终帮助孩子解决心理上的困扰。

宋维是个非常内向的孩子，他从来不会主动和妈妈谈心聊天。妈妈发现最近宋维的情绪有些不大对劲，时常一个人坐在书桌前发呆，并且很不开心。

于是，妈妈晚饭后主动和他聊天，问他是不是学习上遇到了麻烦或者是困难。宋维看出了妈妈的真诚态度，就将自己的语文成绩差的事情告诉了妈妈，并且说自己也在努力地学习，但是就是没有提高。此时，妈妈知道了宋维为什么不开心，自然也就放心了，然后鼓励他说道："宝贝，语文成绩不是一朝一夕就能提高的，所以需要你长时间地去努力。别灰心，只要你好好地去学，一定会有进步，妈妈相信你。"听了妈妈的话，宋维瞬间开心了起来。

妈妈要时常留意孩子的情感变化，要学会用心去体验孩子的情感，并且和孩子一起产生心灵上的共鸣，孩子才会向妈妈敞开心扉。

3.珍视孩子的情感表达

妈妈要珍视孩子的情感表达，千万不要以成人的眼光来看待孩子，应该站在孩子的角度来分析问题，从而使孩子体验到亲情的温暖和可贵。

4.主动和孩子分享自己的喜怒哀乐

妈妈如果有开心或不开心的事，也要主动告诉孩子，这样孩子才会觉得妈妈是信任自己的。不要认为孩子年龄还小，无法理解这些，就不和孩子去交流了。这样孩子会觉得自己的情感游离于家庭之外，从而会产生孤独感，自然也就不会将自己的喜怒哀乐告诉妈妈了。如果妈妈不能及时发现孩子的问题，就十分不利于孩子的成长了。

楚红红的妈妈最近工作压力很大，已经连续好几天加班了。每天回来得很晚，也休息不好，因此在家里脾气也会不时发作，有时候会无缘无故地冲楚红红发火。楚红红小心翼翼地问妈妈为什么不开心。妈妈觉得楚红红也不小了，已经可以理解自己了，于是将自己的工作情况告诉了她。

懂事的楚红红听到妈妈的话后，知道妈妈很辛苦，便告诉妈妈，自己会好好学习，不让妈妈操心，她还嘱咐妈妈要注意身体。以后，等妈妈回家之后，她还主动给妈妈倒水喝，妈妈感到很欣慰。

妈妈应该主动和孩子分享自己的喜怒哀乐，这样会让孩子觉得和妈妈是处在一个水平线上的，孩子也就会主动说出自己的喜怒哀乐。

5. 给孩子勇敢面对考试的勇气

面对不够理想的成绩，最受打击和伤害的是孩子。所以，妈妈在这时不应该表现出责骂孩子的举动，而应该对其加以鼓励，帮助孩子走出压力和烦恼，让孩子勇敢面对下一次的考试挑战。

然而，当孩子不理想的成绩出现时，有些妈妈总是难以克制住自己的情绪，最后对孩子大发雷霆："怎么才考这么点分？"说者无心，听者有意，带有这样字眼的话语会严重挫伤孩子的自尊心，造成其长时间处于负面情绪之中。

如果考砸了就要受到父母的打骂，孩子的压力就会增大。有人说："有压力才有动力。"但是当压力超出了孩子的承受能力时，孩子就会彻底对自己丧失信心，变得自暴自弃起来。这无疑是毁了孩子的前程。

王慧把期中考试的数学试卷拿给妈妈看，但成绩竟然是 46 分，妈妈仔细一看发现有一大半是因为马虎而出错的。平日里文文静静的女儿，每天都认真地做作业，但是为什么成绩还如此糟糕呢？妈妈思考了一会儿，还是笑着鼓励女儿："没事的，我相信你下次能取得很大的进步。"然后，妈妈帮助王慧把试卷上的错误找出来，指出了王慧粗心大意的毛病。女儿很认真地听着妈妈的教导，并表示下次一定改正。

在不久后的一次数学考试中，王慧考了 86 分。当她高兴地将试卷递给妈妈时，她的脸上洋溢着自信的微笑。妈妈看到女儿进步了非常高兴，说："我知道你是个聪明的孩子，不管你每次考多少，我都希望你下一次考试的时候不要有压力，这样就可以考出理想的成绩了。"

帮助孩子消除成绩所造成的压力和烦恼，可以让孩子在下一次考试中没有思想包袱，使孩子不会担心万一没考好所受到的惩罚，孩子就可以全身心地投入考试，这样往往能取得好成绩。所以，妈妈应该让孩子带着轻松的心情学习、考试，快乐地生活。

无论孩子的考试成绩如何，妈妈都应该多给孩子认可和鼓励。当孩子考试失败的时候，妈妈应该坚信孩子会在下次取得好成绩，要知道妈妈对孩子的信任可以帮助孩子忘掉学习的烦恼。要对孩子的付出给予肯定："妈妈相信你一定可以的，只要你付出努力。"

即使孩子成绩很糟糕，妈妈也有必要对孩子说"下次努力"，使孩子把目光转向下次。这样可以防止孩子对学习失去兴趣，同时消除孩子从考场回来时的心理压力。如果孩子情绪低落，就对孩子说："这是下一次飞跃的充电期。"相信这会给孩子带来轻松的感觉。

孩子是教育的主角，学习成绩永远没有孩子的成长重要。应努力给孩子营造一个轻松的学习氛围和适宜学习的家庭环境，多给孩子赏识和认可，增强他的自信心。不要让孩子受到学习成绩的影响，如果他的成绩很差，妈妈要及时帮他消除压力，帮助孩子树立起自信。无论什么时候父母都要相信孩子的能力，告诉孩子："你能行！"

✳ 防止孩子染上"嗜考症"

生活中，很多妈妈在孩子取得好成绩后会"狠狠"地进行一番奖励，认为这样会激励孩子更加努力。但是，如果一味地只根据成绩的好坏来对孩子进行奖惩，也会带来很大的负面效果，如"嗜考症"。

很多孩子都害怕考试，一到考试就头疼、紧张，但是，周霞却十分迷恋考试，甚至考试考上了瘾，一天不考试就浑身难受、不舒服。

周霞是一所重点高中高一年级的学生，学习成绩很好，在班级排名前五名。最近一段时间，周霞每天晚上都要学习到凌晨两三点，早上五六点钟就起床了。妈妈劝她注意休息，但怎么劝都没用。因为她太爱学习了，只要不学习她就非常焦虑。

上初中的时候，周霞经常考全班第一名，但是她对此并不是很满意，发誓一定要考全年级第一、全市第一。于是经常废寝忘食。

到了初三，周霞更是起早贪黑。起初，父母并没有太在意她的这种做法，心想，初三的学习比较紧张，女儿这样也是正常的。

中考结束之后，周霞如愿以偿，进入了重点高中。但是在暑假期间，周霞仍然一如既往地努力学习，她准备"快鸟先飞"，先把高一的知识学好，以保证自己在新学校取得好成绩。当时，妈妈就担心周霞有点不正常，想带她去看心理医生，但是爸爸极力反对，他认为孩子爱学习没什么不好的。

但后来，看着女儿的身体日渐消瘦，而学习激情仍然不减，妈妈越来越担心孩子的身体会垮掉，于是不顾丈夫的反对，带女儿去找心理医生了。

经过心理医生的诊断，周霞是考试上瘾了。

生活中，也有不少孩子像周霞一样考试上瘾。孩子考试上瘾，一般源于父母对孩子采取了不当的奖惩方式：如果孩子考好了，会得到极大的奖励，在其他方面，无论他做得多好，都得不到这种奖励，甚至根本就得不到奖励。相反，如果考砸了，孩子将会受到很严厉的惩罚。这种完全以考试成绩为标准的单一的奖惩办法，很容易导致孩子考试上瘾。

科学家研究发现，人的大脑中有一个快乐中枢，如果快乐中枢频繁受到单一来源的刺激，那么我们就会爱上这种刺激方法，不管这个刺激有多么危险，仍然会乐此不疲。

美国心理学家奥尔兹曾经做过一项有趣的实验：用轻轻的电击刺激小

白鼠的"快乐中枢"，让它感受快乐，然后，让小白鼠学会控制这个电击方法。之后，小白鼠就会什么也不做，只是一遍又一遍地电击自己，频率甚至可以达到每小时5000次，并能持续15～20个小时，直到疲倦为止。

许多妈妈完全以成绩为取向的奖惩办法和心理学家对小白鼠的电击有异曲同工之处。

因而，要防止孩子染上"嗜考症"，最好的办法就是让孩子多点爱好。

首先，不要只根据学习成绩的好坏来奖惩孩子。孩子取得了好成绩，可以和他一起分享快乐，但不必非得给予他很高的奖励，因为，外部奖励太频繁，会夺走孩子内在的喜悦。对于孩子来说，考试成绩好本身就是一种奖励，如果他很爱学习，那么这就是对他学习最好的认可。好成绩会带给他内在的喜悦，这种内在的喜悦是最好的学习动力。但是，如果频繁给予物质奖励，这种内在的喜悦就会被外在的物质奖励所取代，那么孩子的学习动机就可能会改变，由原来的获得好成绩变成追求物质奖励。

当孩子没有考好时，也不要过分地责怪他。因为没有考好，他自己的心里就已经很难过，如果再加上家长的责备，孩子可能会受不了。许多患上"嗜考症"的孩子，其父母对孩子的学习要求相当苛刻，考好了，"一俊遮百丑"，其他什么问题都可以不追究；考砸了，"一丑遮百俊"，其他方面做得再好也不会得到家长的认可。

其次，让孩子适度参与做些家务。在很多家庭，学习成了孩子唯一的任务，家长只要求孩子好好学习，其他的一切事情都不用操心。如此一来，孩子就把学习成绩当成了唯一的精神支柱，从而喜欢上了考试。

最后，要鼓励孩子有其他爱好。但不要把爱好当成任务，如果把爱好当成必须完成且必须要做好的任务，那么，爱好也就失去了其意义，反而会变成压力。

总之，就是不要让孩子像前面提到的小白鼠那样，只有考试这一种快乐。美好的人生，应该有各种各样的快乐。

❋❋ 用幽默的神奇力量缓解学习压力

人生会面临各种压力，孩子也会有各种学习压力和生活压力。家长应该帮孩子减轻、缓解压力，幽默则具有这样神奇的力量。

一天，刚上四年级的文文犯了一个小错误，她跟小狗在家里追逐着游戏，把妈妈最喜欢的台灯给打碎了。妈妈生气地扬起巴掌："打你，打得你屁股开花。"

文文瞪着眼睛看妈妈，突然哈哈笑了："真的吗？我的屁股会开出什么花？你快点打啊。"

妈妈一愣，也忍不住笑了，和文文乐得抱成一团。

"打得你屁股开花"是一句很平常的俗语，小小的文文从中感受到了幽默，营造出了欢乐的氛围，化解了妈妈的怒火，更融洽了彼此之间的关系。

孩子的心理承受力和情绪控制力都比较差，很容易产生烦躁、不安等负面情绪。如果孩子富有幽默感，他就可以很好地调节自己的情绪，以幽默的态度面对事情，从而乐观地看待问题。而且这样的一个心理自我调节的过程，也是不断提升自我心理承受力和意志力的重要过程，对孩子的人生成长有着重要的作用。

孩子有时会故意打破常规做出异常行为来表现自己，以引起别人注意。此刻，如果采用简单的"硬碰硬"的方式，孩子很可能变得更加蛮横。遇到这种情况，做妈妈的最好借助幽默，指出他的行为不通情理，不但能使他明白自己的错误，还能培养孩子的幽默能力，可谓是一箭双雕。

美国一项专题研究显示，具有幽默感的孩子大多聪慧，性格开朗，人际关系融洽，因而能比较轻松地完成学业，更好地应对生活和学习中的压力与痛苦。

每个妈妈都希望自己的孩子健康而快乐。很多家长为孩子提供各种条件来满足他们的生理需求、安全需求，并带他们去上芭蕾、钢琴等才艺课，以及各种补习课程，目的是希望孩子能健康成长。但是家长还应该学习如何培养孩子快乐的心态，其中很重要的是如何培养孩子的幽默感。

孩子的幽默性格一旦形成，对其一生都将产生重要的影响。具有幽默感的孩子大多开朗活泼，往往更讨老师的喜欢，人际关系也比不具幽默感的孩子好得多。幽默能够帮助孩子更好地应对生活和学习中的压力和痛苦，因而幽默的孩子往往比较快活、聪明，能较轻松地完成学业，拥有乐天、愉悦的人生。

专家表示，并不是所有的孩子都具有幽默感，幽默感30%来自天生的性格，更多的则是后天培养出来的。所以，家长应该为孩子创造一个幽默的氛围，让孩子体验到幽默的作用，并成为受人欢迎的孩子。那么妈妈如何培养孩子的幽默感呢？可以从下面几个角度着手：

1. 营造幽默的气氛，让生活充满笑声

一个幽默的孩子肯定是爱笑的孩子，爱笑的孩子往往善于发现幽默和制造幽默。在日常生活中，家长可多跟孩子玩一些有趣的情境游戏，如躲猫猫、扮鬼脸、找宝贝，让孩子在游戏中充满开心的笑声。往往，一句句幽默的语言、一声声轻松愉悦的笑声，就能打破沉闷的家庭氛围，还给了孩子童年的欢乐，填平了亲子之间的代沟。

2. 培养孩子的语言能力和想象力

如果孩子想象力欠缺，脑中储存的语汇贫乏，就不能充分表达自己的

幽默，所以应培养孩子的语言能力和想象能力。家长可以引导孩子多看一些漫画，背诵儿歌、古诗，给孩子讲一些有益心智的故事，充分挖掘故事中的幽默因子。

3. 培养孩子愉悦和宽容的心态

幽默的心理基础是愉悦、宽容的心态，要教育孩子在与人交往时愉悦相处，宽容待人。用幽默解决矛盾纠纷、用幽默提出与对方分享的要求、用幽默提出批评建议。

4. 让孩子多欣赏一些幽默的作品

让孩子多欣赏一些幽默的作品，可以不断挖掘孩子幽默的潜质，提高孩子对幽默的领悟力。

5. 鼓励孩子大胆地表现幽默

允许孩子开玩笑，讲笑话，为孩子搭建一个可以自由、大胆表现幽默的舞台。

6. 去除社会中对孩子幽默行为的阻碍

许多人认为成人应该在孩子面前正经严肃，孩子与大人开玩笑、玩闹甚至被认为是不尊重长辈。在学校里，老师喜爱的学生是所谓的乖孩子，最好坐在那里一动不动，老师叫到才可以发言。因而在家庭里引导鼓励孩子及时表达自己的幽默和感受就变得至关重要，培养孩子用幽默态度来观察事物的另一面。

7. 塑造孩子的幽默行为

简单地说，塑造孩子的幽默行为就是鼓励和赞扬孩子任何为幽默付出的努力，不管他们的幽默行为有多么的不成熟、多么不引人发笑。鼓励的方式很多，可以表扬，也可以大笑，或者在孩子玩笑的基础上发挥，开发出更多的笑料。

另外，妈妈在引导孩子的幽默感特质时，应注意以下一些事项：

（1）幽默的语言以不伤害他人为原则。

（2）幽默的语言要注意人际间的礼貌。

（3）幽默的动作以不涉及危险动作为原则。

总之，孩子的幽默感是通过学习获得的。在这一学习过程中，妈妈的作用不容忽视。教练型家长会珍惜生活中的点滴时刻，创造有趣健康的生活环境，有效培养孩子的幽默感。

第8章

好妈妈这样说，
培养孩子好品德

　　自信、大度、宽容等优秀品质能让一个人的内在潜能得到充分的释放，是人们克服困难和挫折的精神动力。好的品德往往会催生奇迹。好妈妈应当有意识地磨砺孩子的个性品质，让孩子带着精神动力去远行。

✿ 改变自私的性格："好东西要和大家一起分享。"

很多妈妈都不喜欢孩子把自己家的私人物品拿出来和别的小朋友共享。这种暗示会让孩子认为：分享是一种损失。于是无形中把孩子培养成了一个自私自利的人。很多人抱怨现在的孩子自私，不懂得分享，其实，这不是孩子的错，是父母教育的错。

杨浩升初中了，考上的是一所寄宿制重点中学，周一到周六都在学校学习生活，只有周日才能回家，为了方便孩子与家里面联系，妈妈给他配了手机。开学的前一天晚上，妈妈嘱咐道："浩浩，别让同学用你的手机哦！省得人家占你便宜，用你的手机打长途之类的。妈妈每月只帮你交20元话费，千万别让别人花完了啊！"

期中考试以后，学校召开了第一次家长会，老师对杨浩妈妈说，这孩子适应能力不太好，与同学们相处的不是很好，希望妈妈回去帮助孩子解决一下问题。妈妈问杨浩为什么和同学相处不好，孩子说："我不喜欢和他们一起，不喜欢他们有时借用我的手机，或者是文具、生活用品，反正我就是不想借给他们，他们现在就不理我了。"妈妈瞬间开始后悔了，是不是自己当初对孩子叮嘱不要让别人用手机，才导致他现在变得这么自私呢？

自私是当前独生子女中比较普遍的问题。出现这个问题，一来的确与孩子的个性有关，然而个性主要是后天形成的；二来同孩子在家中没有兄弟姐妹相伴有关，但更重要的是缘于家长的教育态度和方法不当，对孩子的关心过度、照顾过度、抬举过度、迁就过度，使孩子自觉不自觉地加重自我意识，养成了以自我为中心的习惯，只顾自己，不考虑他人，甚至争名夺利，做损害他人的事。

面对这个问题，妈妈不要太着急，可以从以下几个方面着手：

（1）应该让孩子在家庭生活中扮演合适的角色。自私的孩子在家庭生活中差不多都有以下特征：不关心父母和爷爷奶奶，不做或很少做家务，霸占好吃好玩的东西，提出生活上过高的要求，总是感到自己得到的好东西太少。要改变孩子的以上不良行为，妈妈就要让孩子分担合适的家务劳动，就要让孩子感到家庭每个成员都是相互依存的，应当互相关心、互相爱护，好东西应该大家都有一份，这方面父母在直接教育的同时也要以身作则，让孩子看到爸爸妈妈是怎么与家人朋友一起分享高兴的事情的。在日常生活中无论做什么事都要互相关心、爱护，尤其要多孝敬长辈，给孩子树立模仿的榜样，长此以往，同样的品质和行为方式就会再现于孩子身上。此外，在满足孩子要求方面要适当。对于孩子的合理要求可以适当满足；对于不能及时满足的要让孩子学会等待，不过分迁就，过分迁就孩子容易使孩子形成孤僻的心理，眼里容不下别人，这样的孩子容易表现得自私。

（2）指导孩子与同学和邻里发展友谊。既然孩子已经有自私的表现，家长在这方面的引导就显得有必要了。从儿童心理发展的规律来看，7 岁以上的孩子是需要友情、需要伙伴的，但是目前由于孩子在家中没有兄弟姐妹、学校功课任务重及邻里之间交往少等原因，许多孩子终日是一个人学习、一个人玩耍，这样，他的心里自然也就很难考虑别人，孤独的环境带来以自我为中心是必然的。

改变这种状况，妈妈平时除了要有意识地与孩子一起交谈和娱乐之外，还要鼓励和指导孩子与同学和邻里发展友谊。

相信孩子在这样的环境下长大，自然会变得感恩和富有协作精神。而这一点随着孩子的长大会越来越重要。

✳ 做个有礼貌的孩子："真有礼貌！妈妈真自豪！"

妈妈在小兰很小的时候，就有意识地引导她养成一些礼貌的规范。比如，全家人一起用餐时，总是要等到全员到齐后，让小兰说："开动！"当小兰过生日的时候，总是会收到很多礼物，这时，妈妈便引导她主动向来庆祝的人表示感谢。当妈妈领着小兰外出就餐时，会让小兰自己去排队领餐……在妈妈的指引下，小兰逐渐养成了做出礼貌行为的习惯。

环境对孩子的成长具有非常重要的影响，家长要为孩子创造使用礼貌用语的条件和环境，使孩子从小就会用礼貌语言，有良好的语言习惯。

习惯真是一种顽强而巨大的力量，它可以操控人的行为，甚至是主宰人的一生。也正是如此，妈妈应该从孩子幼小的时候就通过教育来培养他们良好的语言习惯。其中，宽松的环境氛围无疑对孩子的语言发展起着积极的促进作用。在生活中，孩子与父母、爷爷奶奶以及周围邻居的交流，都是他们使用礼貌用语的基本环境。家长是孩子最天然的老师，他们对儿童的行为、心理都有着很大的影响。因此，妈妈应随时随地检视自己的行为，通过示范指导来促进孩子的礼貌习惯。

如何为孩子创设一个宽松的礼貌用语氛围呢？

妈妈可以通过和孩子的情感交流产生共鸣，为孩子创设情谊融融的礼貌用语氛围，这样才能使他们自觉地学习礼貌用语。因为，妈妈与孩子交流的轻松氛围是调动他们进行礼貌交流的必要条件，它有助于孩子积极、主动地与人使用礼貌用语。在日常生活中，妈妈应该放下架子，尊重孩子，成为他们的朋友，尽可能地为他们提供自主表达与自由表现的机会，使他们在轻松的氛围中成为爱说礼貌用语的孩子。在学校里，老师们都很注意这一点，会通过各种方法，让孩子明白使用礼貌用语的意义以及使用的场景，让使用文明礼貌用语成为孩子自觉的行为，并内化成一种习惯。例如，当每一个孩子早上高高兴兴地进入幼儿园时，老师都会主动向孩子问好——"小朋友早！"或"小朋友早上好！"几乎每个孩子也很有礼貌地回应老师"老师早……"。放学时，他们会说："老师，再见！"如果班上有 3位老师，有的孩子会一一说到，这是因为，教师每天都会主动热情地向孩子问候，在一次又一次的耳濡目染中，孩子已经将清晨的问候和离园的道别变成一种习惯。

　　妈妈要让孩子在使用文明礼貌用语时态度一定要真诚，诚恳地面对对方来表达。

　　要在孩子与孩子之间、孩子与教师之间、孩子与家长之间、家庭成员之间积极使用文明礼貌用语交往，营造文明礼仪的氛围，让孩子从小将文明礼貌习惯融入自己的日常生活中，才能有效地促进其文明礼貌习惯的养成。

　　家校合作培养孩子文明礼貌习惯是其生活学习的一个重要方面，要使孩子真正养成良好的文明礼貌素养，妈妈和老师的配合很重要。每位妈妈都应该积极配合学校的要求，配合老师的教育内容和方法。妈妈在接送孩子时，做到自觉与老师打招呼，及时提醒孩子主动与熟悉的人打招呼，仪表整洁，不穿拖鞋、背心接送孩子，不在校门口、校园里吸烟、吃零食，平时注意不说脏话、粗话，在公共场所做到谦让，关心年老体弱者，等等，以妈妈自身的形象来影响孩子，使文明礼仪教育真正做到家校密切配合。妈妈可以适当带孩子进入比较阳光、健康的社交圈子，让孩子观察成人的交往，使他们身临其境，在真实自然的氛围中学会简单的礼貌用语及行为。

　　心理学研究发现，儿童时期是培养人道德行为习惯的最佳时期。俗话说："三岁看小，七岁看老。"人的行为在很大程度上取决于他的早期习惯。

因此，家长应抓住孩子养成教育的关键期，培养其良好的文明礼貌行为习惯，这会使孩子终身受益。

❋ 培养孩子的宽容心："我们家宝贝没有那么小气，对不对？"

我国古代著名教育学家孔子曾说过："躬自厚而薄责于人，则远怨矣。"明知是对方无礼或做错了，却不争不斗，反而主动认输，宁可自己吃点儿亏，也不让别人受到损失。这种行为，就是我们常说的"宽容"。

然而，很少有孩子能够做到这一点。孩子好斗，即使真理在手，也要将对方"置于死地"。孩子的刻薄、孩子的尖酸，这都是影响他健康成长的路障。这可绝不是什么危言耸听，让我们看一个这样的例子吧：

在同学的眼里，雷亦明就是一个"大侠"。六年级的他，总是一身正气，见到高年级同学欺负低年级同学的事情，总是第一个站出来打抱不平。因为他从小就学过武术，所以那些欺负人的同学也不敢和他作对。

尽管雷亦明的正义让大家很欣赏，可是他也有一个很突出的毛病：绝不肯善罢甘休。好几次，他阻止了坏孩子的行为后，却依旧不肯停手，而是采取暴力方式将对方打得不敢起身。

这件事让妈妈知道了，于是妈妈批评了他。不过，雷亦明却很不服气，说："这是那人应得的，谁让他欺负同学！我也要让他尝尝苦头！"

妈妈知道，孩子的出发点没错，所以也不知道怎么批评他，只是没完没了地给他讲道理。妈妈的絮叨，让雷亦明感觉烦躁无比，于是总是躲着妈妈。他不明白，自己究竟做错了什么。他更不明白，为什么自己的妈妈，却要像个外人一样，总是对自己长篇大论，而不是理解自己。

但是，让雷亦明怎么也想不到的是，虽然同学都很敬佩他，可是又很少有人愿意和他亲近。甚至无论走到哪里，都有同学对他指指点点。雷亦明非常苦闷，不禁在心里说道："这究竟是怎么回事！"

雷亦明的妈妈知道孩子的行为不对，但是在心里，他也许还有一丝幻想：孩子毕竟是为了正义，这是件好事，我还是尽量别干涉他吧！但是，他的同学们却不一定有这样的思维，因为谁也不能保证，下一个被揍的人是不是自己！

不可否认，孩子惩恶扬善，把正义当作人生的追求，这的确是难能可贵的精神，可是我们也不能因此就纵容他，让他养成以暴制暴的习惯。不仅是对于正义，即使对于真理，这种咄咄逼人、要把对方置于死地的心态都是要不得的。一来，孩子会总处于急躁的情绪之中；二来，因为他的急躁，其他孩子就会感到恐惧，所以自然而然地对他疏远。

所以，妈妈必须让他懂得"即使真理在手，也要得饶人处且饶人"的道理，让他学会选择宽容，而不是斤斤计较地面对他人。

对孩子来说，宽容其实并不仅是待人的准则，还是一种保护心理健康的习惯，因为宽容更有利于一个人的健康。现代科学揭示，当人们想要报复别人时，血压会有明显上升的趋势，而在宽容他人的时候，血压则会显著下降。

认识到这一点，妈妈更要在日常生活中将宽容这一理念灌输到孩子心中。当孩子对某个行为有了足够的认识，那么他的选择自然不会出现偏差。

1. 切忌用世俗的眼光影响孩子

妈妈要注意自己的言行，尽量避免在孩子面前对他人说长道短，议论是非，这样会很容易影响孩子，对别人过于挑剔。这种影响会一直跟随着孩子，等孩子长大后，还会影响到他看待他人的眼光。

妈妈正确的做法，就是表扬其他小朋友的优点，让孩子明白，每个人都有值得学习的优点和长处，我们应该更多地看到别人的优点，而不是一味地指责别人的缺点。

2. 教会孩子换位思考

孩子往往有很强的自我意识，总是习惯性地从自我出发，以自己的角度判断他人。长此以往，孩子的宽容性格必将无从谈起。所以，妈妈要教会孩子站在他人的角度考虑，设身处地地为别人着想，让孩子多一份仁慈之心。

3. 妈妈要以身作则

身为父母，在培养孩子某种品格的同时，也要先从自身做起。比如，要想让孩子具备宽容的品质，自己也要做宽容的父母。

同时，在日常生活中，妈妈鼓励孩子去参加多元化活动，接触不同种族、宗教、文化、性别、能力和信仰的人，这会让孩子学会和不同的人互相尊重，坦诚相待。

心胸狭窄的孩子，是无法收获真正的友谊的，哪怕他的初衷是"除恶扬善"；不懂宽容的孩子，他的心灵是扭曲的，因为他总被莫名的愤怒所困扰。所以，为了让孩子有个一级棒的心理素质，父母们就应当引导他"得饶人处且饶人"！

❋ 培养孩子独立的性格："你能依靠的，只有自己。"

现在的大多数父母对孩子的事一力包办，很少给他们独立做事的机会，这没有错，但超越了呵护孩子正常的范围，这就会导致孩子的生活自理能力差，依赖性强，意志薄弱，以后难以适应社会。"独立"是孩子的第一属性，父母千万不要剥夺！

笑笑已经 3 岁了，到了上幼儿园的年纪。曾经的她，什么都依靠妈妈，就连吃饭也要妈妈把勺子伸到嘴边。妈妈意识到，这样对笑笑的成长并不好，于是决定提高她的独立性。

妈妈要求笑笑做出的第一个改变，就是每天自己坐电梯到单元门门口去取牛奶。笑笑当然有些不高兴，毕竟现在还是冬天，又还没到供暖的时候，听着窗外呼呼刮着的大风，她更不肯去拿牛奶了。

看着噘着嘴的笑笑，妈妈说："天气冷了，风大了，送牛奶的叔叔就可以不送牛奶了吗？妈妈就可以不上班了吗？你就可以不上幼儿园了吗？"笑笑一想是这个道理，于是就爬起来穿着厚厚的衣服跑出去拿牛奶了。

一个星期天，笑笑又不愿意去拿牛奶了，一直嚷嚷着"困"。这时候妈妈说："如果送奶的叔叔也说困，不起来送牛奶了，那笑笑还有牛奶喝吗？我困了，不起来做早餐，你还有早餐吃吗？该自己做的事，不能因为有了困难，就可以不做。"

妈妈的话，让笑笑有点不好意思，于是她使劲爬了起来。渐渐地，笑笑的借口越来越少，即使再想睡懒觉、天气再不好，她仍天天去拿牛奶。而她曾经依赖妈妈的习惯，也一点点地减淡了。

孩子过分依赖会妨碍以后的发展和进步。为了让孩子有能力独立解决以后遇到的苦难，妈妈应该有意识地培养孩子独立的性格。

1. 要主动培养孩子"自己想办法"的习惯

无论孩子面对何种问题，我们都应鼓励孩子"自己想办法"，而不是什么事情都想帮助孩子完成。例如，当孩子想要跨上儿童车时，你就应该鼓励他自己想办法。在这个过程中，他的协调能力不仅得到了提高，更对"如何上车，如何下车"有了直观的体会，这种成就感会让他主动形成"自己想办法"的好习惯。当然，在孩子独立操作的过程中，我们可以告诉他应该怎么做，做好他的"帮手"。

一个没有"独立属性"的孩子，注定会在未来摔大跟头。因为人生的路上，妈妈不可能永远陪着他，总有这样那样的事情，需要孩子独立面对。所以，为了让孩子与这个社会做到"无缝接轨"，我们就必须激活他们的"独立属性"！

2. 给孩子独立解决问题的机会

生活中，妈妈可以有意识地把一些机会"让"给孩子，让孩子独立解决问题，这样他就能够在做事的过程中得到锻炼。例如让孩子去楼下超市买东西。

除了让孩子去超市购物之外，还可以让孩子自己整理书包，打扫自己的房间，妈妈要做个有心人，懂得把恰当的机会"让"给孩子，让孩子自己去解决问题。

3. 用欣赏的眼光看待孩子解决问题的方式

孩子终归是孩子，他们的思考方式免不了有些"奇特"。有则趣事，一个孩子把白糖撒了，竟然想着在水中洗洗。尽管孩子解决问题的方式有时候令人又气又好笑，但是孩子有"解决问题"的那份心就够了，我们不要打击了孩子解决问题的积极性。

妈妈不妨学着用欣赏的眼光去看待孩子，鼓励孩子，他会更加乐于动脑以得到妈妈的夸奖的。通过不断地练习，孩子解决问题的能力自然会提升。

❋❋ 培养诚信习惯："做个一言九鼎的乖小孩。"

传说在我国古代，有一个叫查道的人。有一次，他和仆人一起去探望一个亲戚。由于亲戚家住得较远，到了中午的时候，他们还没赶到亲戚家。这时候，两个人都感到饥肠辘辘，于是仆人建议从给亲戚带的礼物中拿一些来吃。

对此，查道却不同意，他说："那怎么行呢？我们带的这些礼物都是要送人的，既然要送给人家，那这就是别人的东西了。我们要讲信用，可不能偷吃。"结果两人只好饿着肚子继续赶路。

走着走着，他们发现在路边有个枣树，这时候正是枣子饱满而又没有落杆的季节，看起来甚是诱人。查道饿得发慌，便叫仆人去树上采些枣来吃。

两人吃完枣，查道拿出一串钱，挂在采过的枣树上。

仆人奇怪地问："这是什么意思？"

查道说："吃了人家的枣子就应该给钱。"

仆人又说："何必这么认真？周围又没有人看见我们，而且枣园的主人也不在，我们还留钱做什么？"

查道严肃地说："你跟了我这么多年，难道还不知道我最在乎的是诚信为人吗？这是基本的道德。虽然主人不在，也没有其他人看见，但我们吃了人家的枣，不能白吃，必须给钱。"

从这个故事中，我们不难看出查道是一个做事磊落、讲诚信的人。也正因为如此，他才能至今在江苏等地区享有广泛的美誉。

诚信是做人的根本，也是成才的必备要素之一。在现代生活中，能否遵守诚信已经越来越被人们所看重。一个不讲诚信的人是难以在社会上立足发展的。而诚信，则更是一种习惯，它不是通过一时表现的。所以，为了让孩子有一个美好的明天，在他年幼之时，我们就必须将诚信教育注入家庭教育之中。

张女士发现女儿婷婷今天的情绪不太对劲儿，一放学就钻进自己的房间里去，连平时最喜欢的动画片都没有出来看。婷婷刚上小学一年级不久，这么小的孩子能有什么烦心事儿呢？张女士走进了孩子的房间，想看看是怎么回事。

看见妈妈进来了，婷婷委屈地哭了起来。原来，婷婷今天和最好的朋友果果闹别扭了。果果特别喜欢婷婷头上戴的头花，婷婷记得家里还有一个一模一样的，于是就答应回家拿来送给她。可是婷婷在家里没有找到另一个头花，于是果果就生气了，她说婷婷不讲信用，两个孩子就因为这事闹了别扭。

听完婷婷的委屈，张女士说："婷婷，你既然答应了果果要送头花给她，就一定要守信用，你可以把你头上的这个头花送给她啊！如果你不能对自己的好朋友讲诚信，那你的朋友自然也就不会喜欢你了，对不对？在你答应别人一件事之前，你应该考虑好自己到底能不能做到，如果没把握就不要轻易许诺，否则就会食言，人家就会认为你不讲诚信。你明白了吗？"

婷婷想了想，终于止住了哭声。过了一会儿，她对妈妈说："我知道了，妈妈。我这就给果果打电话，告诉她，我不是不守诚信，我把我这个头花送给她。"看着恢复平静的婷婷，张女士欣慰地笑了。

父母都不希望自己的孩子成为一个不讲诚信的孩子，而孩子们也都知道不应该说谎，应该守信用。在人际交往中，人们都不愿意与不诚信的人打交道，因为这种人无法给人一种信任感和安全感，而这样不被社会所接受的人，往往也是不会具有什么自信观念的，因为他缺少自信的内部驱动力。

那么，怎样使孩子做到信守承诺呢？首先我们要告诉孩子，在承诺别人之前一定要慎重，考虑自己确实能够做到的再答应别人；一旦答应了的事情，就要千方百计地去做好。这样才能不失信于人，才能值得别人信任。

接下来这些建议妈妈们也要牢记在心。

1. 对孩子讲诚信的言行要及时表扬和鼓励

大多数时候，孩子会通过家长的反应来确定自己言行的对错，家长给予什么样的反应会起到推动或阻碍的作用。当孩子"言出必行"时，妈妈要及时表扬和鼓励；如果家长没有任何表示，孩子的这种行为意识得不到强化，事后可能就不会继续这样了。

2. 关注和尊重孩子和孩子之间的"约定"

爸爸妈妈计划星期日带孩子去划船，但是孩子已经和别的小朋友有约在先，这时候，妈妈应该尊重孩子的选择，不要强迫孩子服从自己的安排而对别人爽约。否则，孩子就会认为爽约不是什么大问题，从而养成"说话不算数"的毛病。如果孩子选择和爸爸妈妈一起划船，要提醒孩子不要忘记打电话对小朋友表示抱歉，说明自己不能赴约的理由，并征求对方的原谅。

3. 对于孩子的"撒谎"行为不要"一棍子打死"

妈妈要知道，孩子的撒谎行为不是天生的，是受周围环境影响所致。孩子说谎，要么是父母对孩子不守信用，要么是孩子害怕说真话受到责骂，要么只是孩子的恶作剧。如果发现孩子撒谎，妈妈应该做的是启发孩子意识到自己的错误。如果孩子知道错了，妈妈要谅解孩子。

让孩子主动担责："我承认你做得很好，但……"

孩子作为一个独立的个体，理应承担一些责任，理应为自己的一些不合理的行为"买单"。诚然，培养一个孩子的责任感是促使他健康成长的必由之路，也是一个成功者的必备条件。如果一个孩子责任感缺失，那么做起事情来必定不能善始善终，做事情过程中的"自控力"自然也就会低下，稍微受到一点来自外界的诱惑就会屈服。

上七年级的家家放暑假后，妈妈就让他自己制订暑假的计划。家家很喜欢国画课，他便向妈妈要求去上国画培训班，妈妈考虑了一下，就带着他去国画培训班报了名。

开课第一天，家家回家后，跟妈妈商量："可不可以把国画班课程退掉？"妈妈便问："家家，退班的理由是什么呢？"家家回答说："课程有点儿枯燥。"

妈妈便跟家家说："之所以暑假让你自己安排计划，就是为了让你体验一下自己做决定的感觉。这国画课是你自己选择的，你得为你自己的行为负责。再说，课程已经开始了，退掉课程，培训费也退不回来了，这不是浪费吗？你再考虑一下，好吧？"

家家觉得妈妈说得有道理，决定继续去上课。

从那以后，他再也不抱怨课程枯燥了。因为他认为，那是他自己做的决定，要对自己的决定负责任。

培训课结束的时候，家家在培训班的国画作品评比中获得了一等奖。家家对妈妈说："我终于体会到了对自己负责的快乐感觉。"

家长都希望自己的孩子是一个有责任感的人，这是关系到孩子将来的命运、决定着孩子人生的大事。孩子责任心强，做事情就会细心、认真，逐渐磨砺坚强的意志，具备了这种能力，成功也就容易了。

那么怎样培养孩子的责任感呢？哈佛专家给出以下建议。

1.家里的事、别人的事帮着做

妈妈应当让孩子明白，自己生活在一个集体中，是家庭的一员，是集体的一员，只做好自己的事情还不够，还要积极为家庭、集体做一些力所能及的事情，这样才能在将来更好地为社会尽责。

妈妈不要认为孩子还小，不会干，干不了，对于一些力所能及的小事，妈妈要创造条件有意识地锻炼孩子，让孩子学着负责任。

2. 让孩子为自己的不良行为"买单"

让孩子为自己的不良行为"买单"，可以让孩子知道，谁造成不良后果，就该由谁负责。比如，孩子损坏了别人的玩具，一定要让孩子买了还给人家，也许对方会认为没有什么大不了的，或者不好意思收下孩子的赔偿，但家长应坚持让孩子给予对方补偿。而买玩具的钱，家长也不能轻易地交给孩子，可以让孩子通过一定的方式"赚取"。

3. 教给孩子做事的技巧

孩子缺乏做事的经验，可能会产生胆怯心理，甚至会把事情弄得很糟糕。为了避免此种情况的出现，妈妈可在孩子做事之前教给他们一些做事的基本技巧，增强他的自信心。孩子在领悟了一些做事的基本技巧之后，就会把事情做得更好，即使没有做好，妈妈也不应严厉地责备孩子，而应该给孩子多一些的机会，让孩子在实践中增长经验和技能，直到取得成功。这样，他自然也就乐于去做事，喜欢去负责任。

4. 不为孩子的错误行为找借口

很多妈妈有时候会不自觉地替孩子找一些合理的借口，使孩子逃避自己的过错。比如，孩子在玩的时候，可能会不小心跌倒，当他因为跌倒的疼痛而大哭起来的时候，很多妈妈就会走过去把孩子扶起来，并且拍打撞倒孩子的东西（如椅子）说："打你这个坏椅子，打你这个坏椅子。"其实，椅子在那里好好的，它怎么可能会犯错误呢？作为家长，我们为什么不鼓励孩子找出跌倒的原因，让他下次注意呢？其实，这是我们在为孩子开脱责任，也使孩子失去了一个认识错误的机会。

责任之重，重于泰山；责任之心，时刻不忘；教育孩子做人，做一个尽职尽责的人，做一个勇于承担责任的人，做一个有责任感的人！

✻ 让孩子充满自信："孩子，请抬起头！"

教育界有这样一句话：让每个孩子都抬起头来走路。显然，这里面的"抬起头来"意味着让孩子对自己、对未来、对所要做的事情充满信心。

其实，当孩子昂首挺胸走路的时候，心里会自然地出现积极的心理暗示——"我能行。"拥有积极心态的孩子，自然会形成健全向上的人格，也更容易取得成功。

梓萌是个小学二年级的小姑娘，也是个充满自信的小姑娘。说起梓萌自信心的培养，还真有一段故事呢。

上幼儿园大班和学前班的时候，梓萌在学习方面很依赖爸爸妈妈，语言文字方面的问题找妈妈帮忙，数学计算方面的问题找爸爸帮忙。爸爸妈妈似乎就是梓萌的兼职教师，这样导致的结果是，梓萌的依赖心理越来越强，做什么事都没有信心。

意识到这个问题后，梓萌的妈妈觉得有必要改变一下教育方法了。这时候梓萌已经正式进入小学读书了，妈妈借着梓萌学习汉语拼音的机会，找到了突破口。

原来，梓萌的爸爸妈妈都是南方人，说话都有点儿"大舌头"，对于拼音更是不在行。这下，梓萌就有了做老师的机会。

在梓萌掌握了每个字母的发音以及全部的拼音规则后，爸爸和妈妈开始"拜"女儿为师了。他们约定，在家里，谁遇到读不准的音，拼不对的字，都要向梓萌请教，她是全家学习汉语拼音的"权威"。

对于这一"头衔"，梓萌甚为振奋，高兴得手舞足蹈。借此机会，妈妈又对梓萌说："作为老师，责任是很重大的，你可不要轻易弄错哦。"梓萌使劲地点头。此后，在上课的时候，她更加用心学习了，每次考试几乎都能拿到满分。

不难想象，一个刚上小学的孩子，当他发现自己能给大人带来帮助和指导的时候，心底将升腾起一股怎样的自豪感！这种实实在在的自信，是任何夸奖和表扬都达不到的。

可以说，对于每个孩子来说，自信心是他们生命中的一把火炬，高擎着它就能让孩子将自己人生的每一处照亮。

然而，为什么还有那么多的孩子自卑？从主观上说，自卑心理是后天由于自我评价不当而逐渐形成的；从客观上来讲，自卑心理是因为个人的某些缺陷或屡遭失败造成的。一个孩子如果从小就聪明伶俐而常被人夸奖和宠爱，长大后他就容易形成一种自信的性格。而由于某些原因，那些整日生活在鄙视环境中的孩子，他们长大后就可能形成一种自卑的心理。

所以，孩子之所以没有自信，很大程度上与家长的教育有关。不少妈妈总拿自己的孩子和其他孩子比较，"某某又漂亮，又懂事，学习成绩还好，你占哪一样？""笨死啦！"，听到这些话，孩子会感到不自信，认定自己就是父母口中的"窝囊废"。孩子不自信，又怎能健康成长呢？

自信，才能扬起人生的风帆。让孩子学着自信起来吧，这样他才能成为你心目中那个无坚不摧的"小超人"！

✿ 对别人的帮助要说声"谢谢"

"谢谢"一词，简单好记，说出来也很美，却被许多人所忽略——觉得接受别人的服务，那是花了钱的，无须说谢；接受父母的关怀，更无须说谢了！只有在接受亲朋好友或陌生人的帮助时，才必须说谢；有时因为不习惯，也会难以启齿，私下告诉自己，只要将对方的好记在心里就行了。

有人说：爱和感恩是一切教育的基础。人与人的关系，不是被金钱、组织、家庭等外在的东西联结在一起，而是用"爱"相维系的。无论哪种交往方式，都包含了某种情意：服务员会注意保持店内的环境美观整洁和自己说话的方式亲切友善，以便让顾客感到舒适，因此顾客花钱买的是商品，服务员的善意却是免费赠送的；上司会关心下属的成长，下属也会考虑上司的需要和心情，双方并不是冷冰冰的管理与被管理的关系；陌生人之间，彼此也会关注和迁就，尽量不让对方产生不适感……总之，无论哪种关系，原本都有"爱"的成分，值得我们"感恩"；而一句"谢谢"，不仅是为了表示尊重和礼貌，也表明自己理解了对方的心意。因此，一句"谢谢"，常常让付出的人觉得一切都值得。

所以，懂得感激的人，让付出者更乐意为之付出，得到的情意总是越来越多，在他人贴心的帮助和友好的笑脸中，可以时时体验如沐春风般的惬意。

反之，不懂得感激的人，谁愿意为他付出呢？他将受到更多的冷漠、敌视，甚至伤害。许多人抱怨服务员的态度差，抱怨上司的德行差，抱怨下属的品行差，抱怨社会大众的素质差，却忘了问问自己：我值得别人对我好吗？我真心感激过别人的好吗？

　　妈妈教孩子说"谢谢"，不仅是教孩子懂礼貌，也是在教孩子正确理解人与人的关系，理解人与人之间的帮助和善意。事实上，孩子比成年人更感性，可能比成年人更容易理解爱和感恩，只要稍加点拨，孩子就能心领神会。

　　一天，一位妈妈拉着满脸稚气的小女孩过马路。等红灯时，小女孩百无聊赖，蹲在地上玩妈妈刚给她买的小泥人。过了一会儿，绿灯亮了，妈妈说："走！快些过去。"小女孩起身就走，将小泥人忘在地上了。一位姑娘捡起小泥人，追上去说："小妹妹，你的玩具掉了。"

　　妈妈感激地看了姑娘一眼，对小女孩说："快跟姐姐说'谢谢'。"

　　小女孩乖巧地说："谢谢姐姐！"

　　姑娘笑笑说："不用谢！"

　　过了马路，小女孩回头看了正在走远的姑娘一眼，好奇地问妈妈："那个姐姐说'不用谢'，你为什么叫我说'谢谢'？"

　　妈妈愣了一下，说："别人帮助了我们，我们就应该说'谢谢'。她说'不用谢'，意思是她很高兴帮忙。对于她的好意，我们更应该说'谢谢'，你说对不对？"

　　小女孩点了点头。

　　走到另一个街口，小女孩停下脚步，看着正在指挥交通的交警，对妈妈说："我们去对那个叔叔说'谢谢'吧！"

　　妈妈一怔，问："为什么呀？"

　　小女孩说："天气这么热，叔叔不怕辛苦，保护我们安全过马路，我们应该说'谢谢'。"

　　妈妈犹豫了一会儿，拉着孩子的手，走到交警面前，说："谢谢你！"

　　小女孩也说："谢谢叔叔！"

　　交警莫名其妙地看着母女俩，一时不知该说什么。

妈妈笑着解释说："我孩子说，天气这么热，你不怕辛苦，保护我们安全过马路，所以我们应该向你说声'谢谢'。"

交警笑了，说："不用谢！这是我的工作。"

小女孩说："你说'不用谢'，我们更要谢谢你的好意！"

交警笑了。这一天，他的心情一直很好。

当孩子真正理解了"谢谢"的含义，那么，"谢谢"就不是一个机械的词语，不是一种礼仪形式，而是发自内心的一个感恩信号。在"谢谢"声中，彼此的心意相互感染，水乳交融，这不是一种很美的情景吗？

所以妈妈们，让你的孩子学会说"谢谢"吧！

✵ 让孩子记住，错了要说"对不起"

人难免会犯错，或者损害了别人的利益，或者伤害了别人的感情，或者冒犯了别人的尊严，无论哪种错，无论是有意犯的错还是无心之过，都会给人际关系造成障碍。如何消除障碍，使人际关系畅通起来？承认错误是先决条件。对方不一定计较自己的损失，但一定计较犯错者的态度。一句"对不起"，可以使僵持的关系出现转机，甚至可以大事化小、小事化了。所以，犯了错误的时候，"对不起"是一句很有用的话。

妈妈教会孩子说"对不起"，等于交给了孩子一把打开人际关系障碍的钥匙，但这是一件难事——事实上，无论处于哪个年龄阶段，说句"对不起"都不容易。

对孩子来说，说"对不起"有两个难点：5岁之前，孩子生活在一个以"我"为中心的语境里，通常只考虑喜欢或不喜欢，不会考虑什么是对、什么是错。当孩子不认为自己有错时，怎么会说"对不起"？即使说了也是言不由衷，等于没说。5 岁之后，孩子开始能分得清对错，"爱面子"的心理却又随之增加，对责任风险也有所顾忌，"对不起"还是难以出口。

怎样让孩子勇敢地说"对不起"？妈妈需要掌握以下要点：

1. 让孩子明白错在哪里

孩子明白错了，才会真诚地道歉，从而赢得对方的谅解。

一位妈妈对孩子说："别人用手打你的脸，你疼不疼？"

儿子的脸上露出一丝畏怯的表情，说："疼！"

"别人将你推倒在地上，你高不高兴？"

儿子说："不高兴。"

妈妈说："你打珊珊的脸，她多疼啊！你还将她推倒在地上，她多不高兴啊！"

儿子看着妈妈，不知所措。

妈妈说："我们去向珊珊道歉，说'对不起'，好不好？这样她才会高兴起来，以后还会跟你玩。"

儿子同意了，真诚地对珊珊说："对不起，我以后再也不打你了。"

孩子也是讲道理的，只要真的认为自己错了，道歉就容易多了。

2. 对孩子的错误行为不要轻易让步

一天，小胖家来了一个客人。吃饭时，客人坐在小胖平时喜欢坐的位置上，小胖当即提出抗议："那是我的座位，我要坐！"

客人有点尴尬，正准备让座，小胖妈忙拦住他，又转身对小胖说："你对叔叔太没礼貌了！快向叔叔道歉。"

小胖倔强地说："我不！我要坐我的位置。"

小胖爸见小胖非但不认错，还哭着闹着争座位，觉得必须坚决制止了。

于是他板起脸，警告说："不听话，就回到自己的房间里去！"

小胖哭着冲进了自己的房间。

客人说："将位置让给他好了，没关系的！"

小胖妈说："俗话说'宠儿不孝，宠狗上灶'。一味惯着孩子，他更不知道轻重对错。"

小胖毕竟是个有教养的孩子，只是一时情绪发作，才这样胡闹。过了十几分钟，他冷静下来，认识到了自己的错误，打开房门走出来，对客人说："对不起！叔叔，刚才我错了。"

爸爸、妈妈高兴地吻了小胖，夸道："你真了不起，敢于承认自己的错误。"

客人也夸道："真是个懂事的孩子！"

小胖不好意思地笑了。于是，满天阴云，变成了阳光明媚。

孩子虽然弱小，也有"杀手锏"，哭闹和固执是他们跟父母谈判的一种方式。对于无关紧要的事，迁就一下或许没有什么；对于原则性的问题，就不宜轻易让步了，否则孩子可能会将错误当成正确，并重复类似的行为。

3. 别让孩子变成"坦白痞子"

小英打了邻居家的小朋友，妈妈让她道歉，她不肯，妈妈就将她关进房间里反省，并且声明："愿意向小朋友说'对不起'才可以出来。"小英大哭，满以为爸爸听见哭声会来救她，谁知嗓子哭哑了都没人来理她。无奈之下，她只好走出来，表示愿意说"对不起"。

让孩子屈服并不难，问题是，如果孩子并不是真心认错，那么说句"对不起"又有什么用呢？当孩子渐渐长大，还可能会狡猾地发现：说"对不起"是迅速摆脱麻烦、逃避责任的好办法。这样，孩子会很容易变成一个有错就认、见错照犯的"坦白痞子"。

让孩子说"对不起"，仅仅是认错的第一步；让孩子明白自己错在哪里，才是更重要的一步。

✿ 培养谦虚的性格：做人谦虚，做事谨慎

谦虚是做人的美德，谦虚地待人接物才能得到别人的赞赏，开辟大人生。相反，自负傲慢之人就会处处招致别人的厌弃和反感。因此，妈妈在教育孩子的过程中，一定要教育孩子做人要谦虚，做事要谨慎，教会孩子谦虚谨慎、不骄不躁。

有一次，在学校评选优秀班干部的活动中，从每班挑出的都是大、中队干部来参加。他们都是学生当中的佼佼者，张磊就是其中的一个。他思维敏捷，工作能力强，但是由于他骄傲自满，自以为是，在工作中，不走"群众路线"，也听不得不同意见，和同学关系比较紧张。尽管在活动中很卖力气，也有吃苦精神，但在评选优秀干部中，他落选了。他伤心地哭了，妈妈也很苦恼，认为宝贝儿子怎么这么倒霉。了解情况的人都知道，这是他妈妈平时不注意对他的教育所导致的。

现代心理学研究表明：人在幼年时记录在大脑中的意识、言行将会长久不衰地停留在他们人格的"磁带"上，并且在适当时候会自动"播放"

出来，具有贯穿整个人生的强大的影响力。事实也是这样，家长对子女幼时的良好教育影响，将会使子女终生受益，反之则贻害无穷。从孩子懂事的那天起，我们就要重视对孩子的性格教育，特别要教会他们学会谦虚谨慎、不骄不躁，为他们进步、成长、成才奠定坚实的基础。

那要怎么样培养孩子谦虚谨慎的作风呢？

（1）克服孩子骄傲自满的心理。通过给孩子摆道理、列举事实的方法，给孩子加强训练指导，克服孩子骄傲自满的心理，如通过讲道理、开阔思路的方法，使成绩好的孩子知道"天外有天，人外有人"，让孩子每周观察一个同学，详细地叙述这个同学的优点，以引导孩子虚心向他人学习。这样吸收同学们的优点多了，就会养成有"自知之明"的好品质。

（2）父母要率先垂范。孩子健全人格的形成是与父母的示范是分不开的，这最有利于孩子健全人格的形成。父母要为孩子树立做人谦虚，做事谨慎好形象，以此感染孩子。

（3）和老师密切配合，保持方法一致。在孩子性格形成的过程中，给孩子创造改正错误的机会，要在生活中发现孩子的闪光点，不断肯定他们的点滴进步，及时纠正他们骄傲自满的情绪，使孩子健康成长。这些做法是学校的老师经常做的，他们也会提醒家长应该如何去做，家长应该和老师密切配合，保持方法一致，千万不要让孩子在学校一个样，在家另一个样。

总之，谦虚是美德，是培养孩子心理健康的重要内容，是帮助孩子摆脱自负的心理问题的关键。

第9章

以「教」代「吼」，提升孩子沟通能力

　　语言，是人类独有的、赖以生存的信息系统。训练孩子的语言能力，是家庭教育必不可少的一堂课，此时，妈妈应当抓住学习的关键点，让他们能在一个轻松愉悦的环境中，变成"语言小天才"！

❖ 以身垂范，好妈妈不吼不叫调教孩子

父母是孩子的第一任老师，也是孩子最好的学习榜样，更有人形象地说"孩子是父母的影子"。可以说，家长的言行举止都在潜移默化中影响着孩子。所以，如果希望孩子能做到某些事情，或者对孩子提出某些要求，妈妈首先要衡量一下自己能否做到。

儿童的是非判断能力是很低的，妈妈的言行总会被孩子模仿。孩子如果能模仿家长好的一面固然值得欣喜，但家长不良的言行如果被孩子模仿去，后果不堪设想。因为孩子有理由认为，家长可以这样做，我也可以这样做。因此，妈妈在孩子面前时一定要把良好的言行举止表现出来，这样孩子才不会被"带坏"。

有一位母亲因为工作不顺，最近总是喜欢在工作前去镇上小酒馆喝上几杯。

某天，大雪皑皑，这位母亲穿戴完毕，一如既往地朝镇上小酒馆的方向走去。刚出家门没多远，她就隐隐感觉背后有个人在跟着他。回头一看，才发现跟着自己的人竟然是年幼的儿子。

孩子顺着妈妈在雪地里踩出的脚印走着，见妈妈看到了自己，便高兴地大喊道："妈妈，你看，我正走你走过的路！"

妈妈听完儿子的话，心中掠过一丝凉意，她想："如果我继续这么走下去，孩子早晚都要学会我喝酒的习惯的。"

自此，那个母亲把酒戒掉了。

父母的品格、习性对孩子的影响往往是潜移默化的。要想在家庭教育中收到良好的效果，家长的"身教"比"言传"更为重要。从这个角度来看，那些觉得仅靠言传，却没有身教，就能教育好孩子，更不以身作则、养成良好习惯的父母就像是在自欺欺人。

父母的示范对孩子的成长有重要作用。孩子通过观察，会从父母那里知道什么事该做，什么事不该做，从而得出自己的行为准则。若妈妈能给孩子做一个好的表率、好的榜样，就会间接地影响孩子，教育孩子。

英国心理学家希尔维亚·克莱尔曾说："如果你自己都不准备去有所成就，你也不要期望你的孩子去做什么。"实际上，妈妈也不必特意做什么事，只要将分内的事情做好就行了，孩子自然会受到积极的影响，往好的方向发展。

教育孩子一定不要逼迫孩子做这做那，最后只会导致两种结果发生，要么孩子非常懂事，要么孩子被逼得自暴自弃。"逼迫"的教育方式不可取。

不少妈妈也知道应该为孩子树立一个好榜样，听到类似的教育理论也会深有感悟，但是在生活中又会不自觉地做着自己早已习惯的那一套，把之前的想法抛在脑后。但要知道，你希望孩子未来成为一个什么样的人，你就要努力成为一个什么样的人，所以，妈妈还是先改变自己，为孩子做个好榜样吧！

✾ 让孩子做个高层次的倾听者

倾听看似是一个简单的行为，其实是一个复杂的过程。为什么不同的人听同样的内容会有不一样的反应和不同的收获？原因就在于他们处于不同的倾听层次。

默默来到校园，看到几个高年级的同学在聊天，他们正在聊最近看的影视剧，聊得很投机。默默站在一旁听起来，他们聊的有些话题，默默也知道。

他们讨论一个电视剧的剧情太庸俗无聊，恰好默默也看了这个电视剧，于是他发言了："这个电视剧我也看了，里面的男主角很帅，我最喜欢他的发型。"

那几个高年级的同学没有人接他的话，都不吭声了。

过了一会儿，他们又聊起一本小说，说这个小说的结构如何如何。默默没看过小说，不知道小说的结构是什么，他只看漫画书，于是他说："结构如何都无所谓，书只要好看、好玩就行了，我也爱看书，我最爱看《樱桃小丸子》，里面的小丸子说话太可爱了。"

那几个高年级的同学听了他的话，都露出了无奈的表情，其中一个说："这位同学，你根本不知道我们在聊什么。你如果喜欢听，你就安静地听好不好，不要随便发表意见了。"

为什么高年级的同学不愿意和默默聊天？因为他们话不投机。为什么不投机？因为他们的谈话水平不在一个层次上，默默的倾听层次太低。这个时候，无论默默说什么，都不能展现出他口才过人的一面。

孩子的口才水平处于哪种境界似乎很容易看出来,但他们的倾听水平在哪种层次却不容易分辨。孩子对此会有些疑惑:难道倾听水平还有层次?

什么是倾听的层次?倾听到底分哪几个层次?孩子处于哪个层次?弄清楚这些层次,对孩子的倾听、孩子的口才有什么帮助?让我们一一来解答这些问题。

首先,我们需要知道倾听分几个层次。按照倾听效果的不同,倾听可以分为三个层次。

第一层次:这一层次的孩子会很安静地坐在那里,假装在听,但心里却在想着自己的事情。所以,虽然听了,但没有反应,没有几句话真的听进去了。或内心想着反驳,半听半不听,时时刻刻在寻找自己发言插嘴的机会,并不关心对方说了什么。

这一层次的孩子,他们更感兴趣的不是听,而是说。

第二层次:处于这一层次的孩子,倾听的态度倒是认真。他们确实在听,有时也会通过点头来表示正在倾听,好像是理解了,实际上并非如此。他们听得很不深刻,他们倾听的只是对方表达的字词的表面意思,但不能真正理解对方所说的话的含义,也无法深入挖掘其内涵,甚至会错误地理解对方的意思。

这一层次的孩子只能和对方进行很肤浅的沟通。

第三层次:这一层次的孩子带着理解和尊重去倾听,尝试站在对方的角度去理解对方所表达的内容。虽然他们对对方的观点有不同的看法,但他们不会随便批评对方。他们很容易理解对方的观点,也能够给出及时的反馈意见,同时也会表达出自己的不同意见。

这一层次的孩子本身的表达能力和口才都不错,自身的文化素养也比较高。他们是专心而高效的倾听者,会和对方进行更深刻的交流,表现一个优秀倾听者的特征。

这三个不同层次的孩子,其沟通能力、交流效果是不同的。

看到这里,孩子可以看看自己处于哪一个层次。大部分的孩子应该都处于第一层次和第二层次，也就是说，大部分的孩子都不是一个高效倾听者。正是因为如此，孩子才需要学习倾听。

孩子必须有成为一个高效倾听者的理想，因为，你是哪一层次的倾听者，就会有哪一层次的说话者找你沟通，因为谈话的对象也需要匹配。

如果对方所说的话，你听起来一头雾水，对方也不想和你交流。反之，当对方知道你是和他同一层次的人时，他会很愿意和你分享他的所思、所想。同时，如果你能经常和更高层次的倾听者、谈话者交流，你的收获也是非常大的，你的倾听水平和口才水平也会进步得更快。

因此，孩子要学会倾听 做一个更高层次的倾听者，做一个更高水平的谈话者，努力成为一个好口才的人。

❋❋ 鼓励孩子多问几个"为什么"

两位美国研究者通过对全世界 3000 名科学家的调查研究发现，他们有两个共同的特点：第一个特点是他们会把两个看起来不相干的概念连在一起；第二个特点是他们喜欢打破砂锅问到底。最后得出结论：不是智商，而是强烈的好奇心区分了科学家和非科学家。

一位美国科学家在一次大学演讲中谈道：

当我还是个孩子的时候，我就对这个世界充满了好奇，我一直问我的母亲：星星是怎么来的？地球又是怎么形成的？月亮真的很冷吗？鱼儿为什么生活在水里而我们生活在陆地上？

几乎只要是我第一次看见的事物，我都会缠着母亲问个不停，直到问得母亲无话可说。这时候母亲往往都会摇摇头说："这个恐怕还没有人知道，你得自己去探究。"这样的话极大地刺激了我的好奇心。

其实，直到现在，虽然我已经知道了很多的科学理论，但我还是时常对这个世界充满好奇和惊喜。比如，我虽然很清楚地知道一颗种子如何成长为一棵大树，可是，我还是会因为这种力量而充满惊喜和好奇。

孩子对这个世界充满好奇，脑子里会有无数个关于这个世界的猜想，而且也喜欢打破砂锅问到底，天天缠着妈妈问这问那的。有这样一个孩子，妈妈应该感到特别高兴，因为孩子喜欢问"为什么"，说明他的求知欲和探究欲比较强，妈妈一定要保护孩子这种求知欲和探究欲，鼓励孩子多问"为什么"，这是孩子获取外界知识的非常重要的渠道。

妈妈都特别希望孩子成才，也特别支持孩子上最好的学校和各种各样的补习班，但却往往忽略了保护孩子的好奇心，不但不鼓励孩子问"为什么"，还觉得孩子的问题太简单因而打击孩子。这很容易断送孩子的求知欲和探究欲，孩子的学习的积极性会降低，性格也会因此而变得自卑起来。

你想知道聪明的妈妈是怎样鼓励孩子问问题的吗？一般来说，聪明的妈妈绝不会打击孩子问问题，相反会鼓励孩子多问"为什么"，甚至会给孩子规定每天必须问多少个问题。她们会鼓励孩子遇到什么事情都要问个"为什么"，自己能通过思考解决的问题就自己解决，自己解决不了的问题要向老师或他人询问，总之，有不懂的问题都要及时提出来，这样孩子才能在解决一个个问题中取得进步。规定孩子提出多少个问题的最终目的是让孩子在发问中激发思维。

聪明的妈妈还会设计比赛，运用比赛的形式刺激孩子提问题。有这样一对父母，他们要求自己的两个孩子各准备一个笔记本，专门记录他们各自每周在课堂上问的问题和自己的思考，然后，每到周末的时候让两个孩子比比谁问的问题多。孩子都有好胜心理，在这种竞争中，会特别积极地向老师提问或回答老师的问题，结果两个孩子的成绩都特别棒。

聪明的妈妈会鼓励孩子将提问贯穿在生活中，教育孩子只要有问题，不管是不是学习方面的，都要在脑子里经常发问，有了问题就想办法解决或请教老师。鼓励孩子问问题，不但能让孩子增长见识，还能锻炼孩子的思维，在提出问题和解决问题的过程中，孩子会很容易获得成长。

此外，在具体的方法上，专家给出了以下建议：

（1）仔细耐心地回答孩子的提问。孩子对于这个世界有无数的问题，很多妈妈在面对孩子的问题时，总是觉得孩子的问题很幼稚，就随便打发孩子，无疑，这会给孩子的好奇心带来严重的打击。

（2）多带孩子到大自然中去。孩子总能在大自然中发现各种有趣的事情和问题，他们的好奇心也总是能被大自然激发。带孩子到大自然中去吧，给孩子一个全新的世界，让他们自己去开发。

（3）鼓励孩子多动手实践。孩子在实践中总是会遇到一些以前从未遇到过的问题，这时候，他们就会去问父母或老师为什么会出现这些问题以及怎样解决。

总之，在日常生活中，妈妈应该尽量鼓励孩子多问些"为什么"，引导孩子去观察和发现新的事物，让孩子成为一个会积极思考又善于解决问题的人。

妈妈一定要鼓励孩子多问几个"为什么"，千万不要因为孩子在后面跟着你问这问那感到厌烦，不然无形中会剥夺了孩子练习说话的机会，还打击了一颗求知之心。做智慧的妈妈，首先要鼓励孩子问"为什么"！

❋❋ 让孩子学会在一问一答中介绍自己

介绍自己是把自己介绍给别人，而介绍他人是把他人介绍给另外的人。自我介绍，是要别人了解你；介绍他人，是让他们彼此了解。这，就是介绍的意义。

通过自我介绍，孩子学会了表达自我，开始接纳他人走近自己，开始学习如何交谈。他们尝试把自己的思维转化为语言，他们的口才训练开始有了更多的内容。

在一问一答的过程中，孩子对自己有了更清晰的认知，知道了自我介绍都有哪些内容，应该先说什么、后说什么。

高文 6 岁了，非常乖巧可爱。这天家里来了一位阿姨，高文礼貌地和客人打招呼："阿姨好！"

阿姨也高兴地和高文说话："你叫什么名字？做个自我介绍好不好？"

"我……"高文有点儿语塞，"我不会自我介绍。"

妈妈在一旁说："我还没教过高文自我介绍呢。"

这位阿姨说："那好，今天阿姨就教你自我介绍。我问你答，好不好？"

"好！"高文爽快地答应了。

"你叫什么名字？"

"高文。"

"是哪 2 个字？"

"高兴的高，文静的文。"

"哦，几岁了？"

"6 岁。"

"在哪里上学？"

"市属第二小学。"

"你有什么爱好呢？"

"我喜欢画画。"

"好，现在把你的回答连起来再说一遍，也可以说一些自己其他的事情。"

"好。我叫高文，高兴的高，文静的文。今年 6 岁了，在市属第二小学上一年级。我最喜欢画画了，我画的小狗，大家都说像极了。我还喜欢看

《喜羊羊与灰太狼》的动画片。"高文顺溜地把刚才的回答完整地说了一遍。

妈妈和阿姨都鼓起了掌："高文说得太好了，口才真棒！都会做自我介绍了！"

故事中的高文和很多年龄小的孩子一样，不知道自我介绍是什么，但高文很聪明，在阿姨的引导下，很快就学会了自我介绍。

在孩子学习自我介绍的过程中，妈妈要把自我介绍的意义穿插其中让孩子知道，增加孩子训练的兴趣。以下两点，是必须引起注意的。

1.让孩子从最简单的自我介绍开始

刚开始训练时，妈妈提出的问题不要过于复杂，如问孩子："你最大的理想是什么？"这样的问题会让孩子无所适从。毕竟，年龄小的孩子还不知道"理想"是什么意思，因而不愿意配合妈妈做这样的训练。只要他们能把基本的几个内容介绍出来，尽可能丰富生动，这样就可以了。

2.不管孩子表现得怎么样，妈妈都要给予鼓励

在练习时，不是所有的孩子都像故事里的"费霞"那样很积极地配合。有的孩子会紧闭嘴巴，根本不回答你的问题。也不是每个孩子都能在回答完问题后就可以完整流畅地复述一遍，他们有可能根本就不记得刚才回答过什么。

面对这种情况，妈妈千万不可急躁、生气、指责孩子"笨"，而是应该等孩子情绪好的时候再练习。如果孩子练习一遍记不住，妈妈不妨和孩子多说几遍，也可以由妈妈把答案串起来说一遍，然后再让孩子复述一遍。

在这个过程中，只要孩子有一点点好的表现，妈妈就要送上自己的鼓励："说得真棒！以后就可以向别人做自我介绍了，其他小朋友都会羡慕你的好口才的。"妈妈要有意识地培养孩子这样的意识：会自我介绍是好口才的表现，口才好会受到表扬和其他小朋友的羡慕，从而让孩子立下从小学好口才的志向。

✼ 用反问引导孩子思考，增强表达能力

"你说呢"，是一句最机智的反问语。反问，就是反过来问，回答者变为发问者。在与孩子交谈中，家长巧于反问，或者机智反问，往往可以收到意想不到的效果。

乐乐 10 岁了，但是在外面遇到熟人时不会主动与人打招呼，也不知道该怎么和陌生人说话。在家里也不太说话，妈妈说完一件事情后，乐乐总是嗯、嗯……，面对这种情况，妈妈很是担心，孩子不爱说话，该怎么办呢？最近妈妈学会如何引导乐乐说话了，如妈妈在说完一件事情后，总是不忘说三个字——"你说呢"，这种反问的方式让乐乐逐渐开始思考，并说出一些自己的想法。现在的乐乐很爱说话，见了妈妈的同事还会主动问好，学习成绩也提高了很多，妈妈看着乐乐进步这么大，很是欣慰。

妈妈在与孩子的交流或日常生活中，往往会遇到一些难以回答的问题。当孩子提了自己不好回答的问题时，不妨来个机智的反问，把问题留给孩子自己去回答。或者遇到比较简单的问题时，妈妈不必回答，可以通过反问，让孩子自己来回答。比如，孩子在看电视，动画片中的雪娃娃在太阳的照射下渐渐地融化了，孩子问妈妈："雪孩子为什么不见了？"这是一个很好回答的问题，妈妈可以回答"太阳晒得太热了呗"。但如果妈妈反问孩子："你说呢？"孩子便会思考为什么；然后妈妈可以启发孩子，让孩子自己回答：雪孩子怕热，雪遇热会融化，太阳出来了，空气中的温度会升高，

211

暖暖的太阳照在雪娃娃身上，雪娃娃自然会融化的。通过反问引导孩子思考，使孩子不仅获取了生活的常识，而且养成了善于思考的好习惯，并锻炼了孩子的语言表达能力。

可以与反问并用的谈话方式还有提问，这也是一种谈话的技巧。不过提问一定要注意以下几点：一是提的问题一定要具体明确，避免抽象笼统，所提问题的深浅度一定要适合孩子的知识和思维水平；二是问题要有启发性，能启发孩子正确理解事物之间的相互关系；三是问题要有趣味性，能调动孩子思考的兴趣。比如：你知道哪些动物在天上飞，哪些动物在地上爬吗？有时可以是评价性、议论性的问题："你最喜欢什么动物？为什么？"等等。

与孩子交流，是使孩子又动脑又动口、内外结合的活动。所以妈妈要为孩子提供动脑动口的机会。抓住生活中的各种表达机会，使孩子愿意说话。生活中，孩子随时有表达意愿和感受的要求，成人应关注孩子的想法，满足其需要，鼓励孩子表达自己的想法和感受，使孩子有话愿说。例如让孩子在与同伴或家长的交谈中学会倾听与表达，在争执中学习围绕话题进行辩论，在聊天中学会相互交流，让孩子在与同伴和成人的交流中感受到说的乐趣，而这种快乐的情感体验又会促使孩子乐于交流与表达。家长还可以根据孩子的特点，设计一些有趣的内容来调动孩子谈话和动脑的积极性。

当妈妈与孩子围绕中心问题进行交流时，孩子的思路是呈辐射状向外发散的，孩子会直截了当地表达自己的感受，妈妈要有"话题的导向"和"话题的传统"两个语言应用要素，通过递进式提问，巧妙地引导孩子朝着中心议题进行交谈，使话题逐渐深入。这样的方法可以帮助孩子开拓思路，唤起孩子更多的内心体验和记忆，在此基础上再引导孩子学习新的内容，这对训练孩子有条理地讲述是极有意义的。

❋ 用鼓励让孩子敢于说话、敢于提问

很多时候，妈妈总是抱怨孩子不喜欢回答自己的问题，或者自己问了孩子话，但是他就是不回答，即便是回答了也很不专注，似乎是在应付自己。同时也有妈妈抱怨孩子从来不提问题，即便是在课堂上，也从来不去提问题，这种情况让妈妈很头疼。

作为妈妈，自然希望孩子能够回答自己的所有问题，与此同时，希望孩子是一个善学好问的孩子。如果孩子不喜欢问问题，那么孩子就很难学到更多东西。很多妈妈认为，只有孩子喜欢提问，在上课的时候才能受到老师的关注。那么，怎样做才能够让孩子肯开口去提问，同时让孩子认真地回答妈妈提出的问题呢？

1. 妈妈可以借助孩子生活中熟悉的东西或动画形象来引导孩子

对于年龄小的孩子来讲，他们还不具备独立的判断能力，还不能直接依据妈妈口中的是或者不是，要或者不要等判断性的语句来做出相应的行为反应。但是如果能够把他们喜爱的或者是厌恶的各种东西、形象作为 "外力"，却能够对其行为起到一定的鼓励或者制止的作用，所以说妈妈完全可以利用孩子喜欢的这些形象来教育孩子，让孩子变得喜欢说话，喜欢提问。

譬如，小孩子一般都比较喜欢黑猫警长、海尔兄弟，却不喜欢毛毛虫、苍蝇、灰太狼等。因此，妈妈可以依据孩子的情感倾向，来对孩子进行有意识地引导，让孩子学习动画片中的主人公的形象，多说话，遇到不懂的问题，要鼓励孩子像喜欢的动画片的形象一样去提问，这样慢慢地就能够让孩子变得多说多问，还能够提高孩子的应变能力和交际能力。

2. 妈妈千万不要讽刺孩子的话幼稚

孩子可能会以不容置疑的口气对你说出幼稚的话，作为妈妈，千万不要去打击孩子，不要认为孩子提出的问题很可笑，也不要去嘲笑孩子所说的事情幼稚。在这个时候，妈妈完全可以按照孩子的思维方式去思考，这样才能更好地与孩子进行交流。如果在孩子表达了自己的想法，又提出了问题之后，妈妈总是以讥讽的态度去回应孩子，最终孩子内心会有一种挫败感，以后再遇到同样的事情，孩子也不会愿意和妈妈交谈，更不会说出自己的想法，因为他知道即便是说出了自己的想法，妈妈也不会给予自己合理的答复。所以妈妈听到孩子的真实想法之后，首先要做的就是去认真地回应孩子，让孩子能够感受到你在听他说话，你在理解他说的话，你在认真地回应他说的话。

3. 借助有趣的活动来鼓励孩子

俗话说："小孩喜欢抢饭吃"，的确如此。当一个小孩吃饭的时候可能会吃得不好，也可能会不好好地吃饭，要是几个小孩一起吃，他们就会争着吃、抢着吃。其实这一点就表明了孩子有一种习惯，那就是有激励的因素存在时，便会主动去做某些事情。所以在生活中，妈妈还是应该去激励孩子的，如果孩子得到了激励，自然就能够实现自己的愿望。小孩子在一般的情况下，都是十分喜爱活动的，活动的趣味性、竞争性和激励性会让他们变得更加积极活泼。所以说在生活中，妈妈应该鼓励孩子，通过一些有趣的活动来鼓励孩子，让孩子敢于说话，敢于提问题。

❊ 用幽默代替严厉的说教

孩子年龄还小，在和孩子交流的时候，一定要注意自己的语言。幽默就是一种行之有效的方法，在对孩子进行语言方面的要求时，一定要让孩子在开心的环境中接受妈妈的意见和建议。

在孩子成长的过程中，妈妈是需要让孩子在快乐幽默的环境中成长的，不管是在什么时候，要想让孩子得到更好的发展，幽默是一种不可或缺的方式。在和孩子交流时，经常会听到家长这样抱怨："我的孩子非常调皮，越不想让他做的他越是会做，越让他做的他越不做，好像非要和大人对着来"；而有的妈妈也会说"这孩子太调皮了，气得我连打带骂的，可是还没过几天又犯了同样的错误，为了能够让他记住，便又打了他，最后都打皮了，而且越打越皮，根本不听话"；稍微好一点的妈妈会说："我跟孩子讲道理吧，孩子根本就不当回事，他根本就不听你说什么，有的时候和他说着话呢，他就把耳朵捂住了，真是气死我了"。在生活中，面对孩子的这种状况，妈妈的批评教育显得无力和毫无效果。有的妈妈在想，为什么孩子会这样调皮，自己到底该怎么做才能够让孩子不那么的调皮，变得更加听话呢？甚至有的妈妈会觉得自己的孩子或许天生就是这个样子，是怎么也教育不好了，于是便放任自流。其实在这个世界上根本没有不犯错的孩子，更没有教育不好的孩子，只有应用适当的方法，孩子才能够被教育得"服服帖帖"。

有个男孩儿已经4岁了，因为痴迷于奥特曼之类的动画片，天天都会喊着打打杀杀，甚至，还经常攻击自己的同伴。他的妈妈很是担心，害怕孩子长大后，仍然是这种打打杀杀的性格，更害怕孩子会变得鲁莽。

一天，孩子和妈妈去逛商场。孩子看中了一个新式的玩具怪兽，便缠着妈妈要买，而家中的这类玩具早就已经堆积如山了。妈妈说："儿子，你的怪兽敌人太多了，现在我们已经来到了和平的地球，咱们停止战争和战斗怎么样？"孩子听了妈妈的话"扑哧"一声笑了。从那次之后，男孩儿再也没有要父母买怪兽玩具了。

妈妈严厉的语言或者是严肃的面孔，并不会让教育变得顺利，反而会让教育如同冰刀霜剑，轻易刺伤孩子幼小的心灵。妈妈不妨巧用幽默，化庄为谐，这样的方式反而会让教育变得平和亲切，容易接受。幽默是一种行之有效的方式，也是一种不可放弃的教育手段。因为我们所追求的幽默语言，不是为了滑稽逗乐或者是庸俗戏谑，而是为了让孩子明白自己的错误，认真地接受妈妈的教诲。幽默不是为了博得廉价的一笑。而是用委婉含蓄的语言来给孩子以意味深长的启迪。所以在生活中，妈妈不妨用幽默的语言教育孩子，让孩子感受到轻松和快乐的同时，又能够学到一些知识和道理。

那么，在日常生活中，妈妈在用幽默教育孩子的时候，应该注意些什么呢？

1. 应注意语言的准确、通俗、新鲜，同时富有生活气息

在教育孩子的时候，妈妈一定要注意自己的语言，尤其是和孩子进行交流的时候。有的妈妈语气严肃，其实完全没有这个必要，在和孩子交流的时候，不妨幽默一把。当然你幽默的语言一定要充满新鲜度，这样的语言才能够吸引孩子，同样，要让孩子感受到准确性，不要夸大事情或者是缩小，更不要说得过于晦涩。如果让孩子觉得晦涩难懂，那么孩子自然不会听懂，这样教育的目的就无法实现了。

2. 应注意语言的表达技巧

表达技巧，即既要有相声般的幽默，又要有小说似的形象，同时也要有诗朗诵那样的激情。古人有言："知之者不如好之者，好之者不如乐之者。"所以，妈妈的幽默，也要讲究一定的表达技巧，并非所有的语言都是可以对孩子讲的。

✳ 不吼不叫，这样纠正孩子的口吃

现在社会，很多孩子都有口吃的症状，妈妈都很烦恼，因为口吃会影响孩子的身心健康，并且也会给孩子的未来带来负面的影响。

李力是一个十分内向的小男孩，已经 7 岁多的他，说起话来依然结结巴巴的，其实，在李力还很小的时候，他的性格原本是活泼开朗的，而且，说话也跟同龄人一样，见人就 "叔叔好" "阿姨好" 地叫个不停，但由于父母没有及时纠正他的口吃毛病，才导致李力变成了现在这样。

当李力还在上幼儿园的时候，有一天，他看到一位口吃的小朋友，说起话来结结巴巴的，突然觉得挺好玩，也挺有趣的，于是就跟着这位口吃的小朋友学。谁料，不知不觉之中，他自己说话也结巴了起来。刚开始，李力只是在偶尔的一两句话中带一点儿结巴，妈妈觉得这是儿子在故意恶作剧，也就没有引起她的重视。但后来，李力的口吃现象越来越严重了，平时与小朋友或者老师说话时，一开口就会结结巴巴，而且，越着急还越说不出话来，尤其是在回答别人的问题，或是在人多的场合说话时，他结巴的现象就更加明显，有时甚至还会急得满脸通红。就这样，李力时常被小朋友笑话或遭到冷落，以至于不敢再主动跟小朋友一起玩耍了，也变得不爱说、不爱笑了。看到这种情况，妈妈急忙带着李力来到了儿童心理门诊。

口吃对儿童的心理发展影响较大，这样的孩子往往情绪不稳，容易激动，害怕在大庭广众中讲话，害怕被别人提问，害怕被别人讥笑，因而不大愿意主动与人交往，常会形成孤独、退缩、羞怯、自卑等不良的个性。那么，孩子有口吃应该怎样来纠正呢？妈妈要主动关心孩子，切忌打骂，以消除孩子紧张、焦虑等不良情绪，还要劝阻周围人不要嘲笑或模仿有口吃的孩子。

除此之外，妈妈也可以采取以下措施予以纠正。

1. 让孩子多听些美好的语言

改变孩子口吃，妈妈不妨让他们多听一些美好的语言，以改善孩子的语言障碍。所谓美好的语言，包括声音优美、表达流畅、简洁明确的语言，如儿童故事、幼儿诗歌等，妈妈若能跟孩子一起念或讲，则效果会更好。

2. 耐心地多与孩子进行交谈

当孩子患上口吃症状时，他们的内心是脆弱而敏感的，此时，倘若妈妈一味去纠正，他们反而会产生抗拒的心理。妈妈不妨给孩子多做示范、少做纠正，这样才能消除孩子的心理压力。妈妈的纠正措施毕竟是辅助作用，应当让孩子在说话的过程中轻松自然地进行自我调节和自我纠正。

3. 与孩子说话时语速放慢些

当妈妈跟孩子对话时，如果孩子一时没有接上来，不要急于去提醒，而要放慢语速让他们自然地往下说，使孩子沉浸在自然交谈的气氛中，让他们在不注意自己有口吃的情况下，自然而然地说话，切忌在孩子说话时不断打断、不断纠正、不断指责。此外，还要让孩子减慢讲话的速度，这样既可减少口吃，又可使人听得清楚，当孩子不再有口吃时，再慢慢提高说话速度。

4. 帮助孩子建立治愈的信心

妈妈要为孩子营造一个轻松愉快的生活与语言环境，以减轻他们对口吃的注意力；也要为孩子提供经常能与说话流利的孩子一起玩的机会；同时，妈妈还要对与口吃孩子一起玩的小朋友进行教育，让他们不要讥笑、挖苦口吃的孩子，而应给予他们心理上的支持，帮助他们消除紧张的情绪，建立起治愈口吃的信心。

❊ 和孩子一起练习绕口令

孩子的语言能力取决于 10 岁前的开发程度。绕口令作为一门特殊的语言艺术，对孩子的语言及思维发展具有极大的促进作用。它不仅能有效地锻炼孩子的口才，增强孩子的记忆力，还能培养孩子的反应能力，伶牙俐齿要从小练习。

奈奈的普通话说得非常好，不仅声音好听，发言还很准，尤其是他那张嘴皮子非常利索，说话极少有磕绊的时候。

大家都问他为什么口才这么好？ 奈奈说："这应该和我的家庭有关吧。我家祖上是说相声的，各个口才都特别棒。小时候，家人带着我玩过很多餐桌游戏，其中就有绕口令。当时家里人多，不是每个人都能到餐桌上吃饭，长辈们就让我们表演绕口令，谁说得最好，谁就能坐上餐桌吃饭。"

为此，奈奈拼命练习绕口令："牛郎恋刘娘，刘娘念牛郎，牛郎牛年恋刘娘，刘娘年年念牛郎，郎恋娘来娘恋郎，念娘恋娘念郎恋郎，念恋娘郎。"

奈奈练得最勤奋，也最有天赋，他总是家里的孩子中说得最快、最好的，甚至有些长辈都会输给他。这样，奈奈不仅可以和大人坐在一起吃饭，也从此喜欢上了说绕口令。自然地，他的嘴巴也越来越能说会道，反应也机智过人，口才越来越好。

经常练习绕口令不仅可以使孩子变得口齿伶俐、吐字清晰，还可以让孩子学会自如换气，增强孩子的反应能力。此外，多练绕口令，还可以避免口吃。

所以，让孩子练习绕口令，这对他的口才锻炼非常有好处。但要想练好绕口令也不是那么容易的，因为绕口令一般字音相近，极易混淆，要想念得既快又好，没有快速的思维、良好的记忆、伶俐的口齿是很难做到的。

因此，妈妈就要帮助孩子一起练好绕口令，协助他收获一份过人的口才技能。

1. 绕口令首先要说得"准"

在孩子刚刚开始练习绕口令的时候，不强求孩子说得多快多好，首先要把字说准。绕口令作为一种有趣的语言游戏，同时也是一项复杂的语言活动：同音异调、字音相近、叠字重句，说准也是很不容易的。因此刚开始时，可以让孩子说得慢一些。

如果妈妈一味求快，只求速度，不求质量，说出口的全是咿咿呀呀的模糊音，那么不但对孩子的口才没有什么帮助，反倒有负面的影响。只要孩子能准确地顺利读下来，妈妈就应该给予鼓励和表扬。

2. 练习绕口令要坚持不懈、循序渐进

练习绕口令，确实对口才很有帮助，但效果并不是立竿见影的，而是长期坚持不懈努力的结果。在孩子刚开始练习时，妈妈不要给孩子太难的绕口令，先从简单的练起，循序渐进，不能急于求成。如果刚开始给孩子的难度太大，孩子就会因为说不好而影响自信心和练习的劲头。只有勤于练习、坚持不懈、循序渐进，孩子才能把这项本领练好。

3. 说得又快又好才是绕口令的真正要求

如果孩子说绕口令一直停留在慢悠悠的阶段，并总是说一些过于简单的，对孩子的口才并没有多大的帮助。在孩子说得准并有了一定的基础之后，就要对孩子有更高的要求了。妈妈要让孩子练习更难的绕口令，要求他们不仅要吐字清晰、换气自然，还要说得流利顺畅，同时还要融入感情，注意表情和语气，要让他们认识到绕口令不仅是说，还是表演。当孩子达到了这些要求，他的口才水平就上了一个新台阶。

第10章

跨越「吼叫雷区」，好妈妈说话忌语

　　很多妈妈常常觉得自己所说的话、所做的事都是为了孩子着想，只要孩子听话，乖乖去执行，妈妈就安心了。其实，妈妈在教育子女时最容易踏入以下不益孩子成长的禁区，妈妈必须注意了，小心自己的言行踩到"禁区"，影响孩子的健康成长。

✸ 远离粗话——忌在孩子面前说粗话

　　每个家长都希望自己的孩子是一个懂事、乖巧、有礼貌的孩子，而不希望孩子脏话连篇，毕竟说脏话会让一个人的形象大打折扣。合理的教育和好的示范会对孩子有着积极的影响。

　　妈妈如果希望自己的孩子不随口说脏话，首先要管好自己不说脏话、粗话。如果孩子整天生活在一个充斥着脏话的家庭环境里，那么无论如何教育，也无法起到积极的效果。

　　一天，正在上班的溧洋妈妈突然接到幼儿园老师的电话。老师说，溧洋在幼儿园总是骂人，脏话连篇，怎么也不听劝，希望家长前来一起教育。

　　火冒三丈的妈妈飞速赶到幼儿园。她看见溧洋指着面前的一个小朋友，大声呵斥："你怎么这么笨！这么简单的题都不会，你是怎么被你妈养大的！"

　　其他小朋友都默默地看着，不敢吭声，而那个被骂的孩子在嚎啕大哭。然而，溧洋仿佛并没有过瘾，继续骂道："哭什么哭！没种的东西！"

　　溧洋妈妈看到这一情景，立马走过去拎起溧洋，开口骂道："好哇，小兔崽子，谁他妈的教会你说脏话了！看我不打断你的腿！"

　　溧洋顿时浑身一颤，脸色惊慌。不过，他很快就稳定了情绪，理直气壮地说："凭什么妈妈能说，我就不能，妈妈不讲道理！我不喜欢妈妈，妈妈是个废物！"

　　溧洋的话，让妈妈愣住了。她万万没想到，自己在儿子心里竟是这样的，她更吃惊的是，孩子对自己居然有这么大的敌意。妈妈陷入了深深的沉思。

上面的案例非常典型，家长经常说脏话，孩子有样学样，脏话连篇。很多妈妈在发现孩子做错事后，总是不能抑制住内心的波动，情急之下，大声呵斥，出口成 "脏"，想以此树立自己的权威。但矛盾的是，这些妈妈又希望孩子 "讲文明，懂礼貌"。心口不一、不能以身作则，这样的妈妈能够教育好孩子吗？

为了把孩子教育成一个讲文明、懂礼貌的孩子，那些喜欢讲脏话的家长，赶紧行动起来，做出积极的改变吧！

1. 郑重地向孩子道歉

妈妈说脏话，有时候属于口误，尤其是在教育孩子时，很容易因急躁而说脏话。此时，妈妈不要急于掩藏，更不要转移话题，要勇敢地向孩子道歉，说声 "对不起"。一句简单的道歉，孩子就能明白讲脏话是不可取的行为，能感受到妈妈的真诚，从而对自己的言行做出约束。

2. 改掉自己的坏习惯

坏习惯很难改掉，实施起来自然有一定的难度，但是为了谨防 "遗传" 给下一代，妈妈要下定决心改正。如果想快速改掉坏习惯，妈妈可以求助相关方面的专家。例如，参加礼仪培训班，在文明的大环境下，逐渐改掉毛病。

✷ 不说"你不行"——多说些鼓励的话

积极的语言有积极的暗示效果，消极的语言有消极的暗示效果。如果妈妈老是对孩子说"你不行""你真笨"……可能孩子在潜意识里就真的认为自己不行，自己蠢笨，对做任何事情都缺乏自信心，不利于孩子身心健康的发展。因此，妈妈要尽量少说或不说"你不行"这样的言语，应多对孩子说"你真棒！""你能行！"等鼓励的话语。

人人都希望得到他人的赞赏与肯定，大人都愿意听到赞美的话，更何况是孩子。同样是一件事，从不同的角度评价孩子，孩子的感受也不一样。有这样一个事例：

在某小学一个班里，每当老师提出问题找人回答时，一个坐在后排，成绩不算好的学生总是举起手来。但是老师让他回答问题，他又说不上，于是老师找他谈话。这名学生说："大家都说我笨，我举手就是让他们看看我能回答问题，我不笨。"

这位老师听了孩子的回答，与孩子做了个约定：以后提问时，回答不出问题时就举左手，能回答问题时就举起右手。终于有一天，老师看见这名学生高高地举起了右手，于是点名让他回答，不想他一语中的。老师赶紧当着全班同学的面夸奖了他。在同学们赞许的目光下，这名后进生从此发奋努力，最后成了全班第一。

这个孩子是幸运的，他遇到了一位懂得给孩子自信的好老师。虽说教育孩子的形式、方法多种多样，但有一点是共同的，那就是激发孩子学习的兴奋点，使之树立起一种自信的潜意识，这样才会调动起孩子学习的内在动力。

怎样才能利用好这一点，激励孩子不断成长呢？妈妈应该做到以下几点：

1. 孩子的优点需要表扬，孩子的进步需要肯定

在肯定和表扬中长大的孩子自信。自信的孩子性格好、善于交际、富有创造的潜力。许多孩子取得了成绩非常希望得到家长的肯定，这时也许父母一个肯定的眼神、一个动作都是对孩子莫大的鼓励。

2. 对孩子的缺点和不足，要带着"爱"委婉地提出

例如，因为孩子上课精力不集中，老开小差，所以学习成绩不好，你可以告诉孩子："老师说，你很聪明，如果上课能集中精力听老师讲课，你的学习成绩会是一流的。"这样说，孩子一定会乐于接受你的意见。

这里说的带着"爱"的意思，就是让孩子感到妈妈不是因为自己的不足而厌弃，而是让孩子从妈妈的话里感到肯定和鼓舞。

3. 不要用具有毁灭性的语言来打击孩子的自信

在孩子面前，一定要注意不能说"你真笨""你不行"等这样的话。如果孩子长期在这样的评价中长大，孩子往往觉得自己真的不行，做事就会缺少信心，甚至形成不健康的人格。

✳ 远离唠叨——忌在孩子面前无休止地唠叨

"别忘了吃早餐""别忘了收拾自己的书桌""中午，别忘了午睡""晚上，别忘了早睡"……我们对这种情景可能并不陌生或也是曾经的"受害者"。

适当的叮咛嘱咐是完全可以的，但是类似的话反复说很多遍，而且是几乎每天都说，这就有点儿令人厌烦了。而且妈妈的很多唠叨似乎都在指责孩子的弱点、缺点，"不许这样""不许那样"，这样的话语就像一只盘旋在上空的苍蝇，让孩子心烦意乱，无法进入正常的学习状态。同时，父母过多的唠叨会让孩子产生自我保护式的逆反心理，出现一些与家长对抗的行为。

兵兵家的早晨永远是这样的场景：

妈妈一早地起来，边收拾房间边给兵兵做早饭。6：30，早饭准时上桌，然后妈妈就开始一遍一遍地叫兵兵起床。时间持续了半个小时，兵兵才从床上爬起来，去洗手间洗脸，刷牙后，兵兵坐到饭桌前用最快的速度对付着这顿早餐。趁着孩子吃饭的工夫，妈妈为兵兵叠被子，收拾衣服和书包，嘴里还念叨个不停："看看你，老是把房间弄得乱七八糟，一点儿不知道干净。每天让你起床都得喊破嗓子，饭都凉了才起来。天天吃凉饭，对胃不好，说你总也不听。要是妈妈一叫你就麻利地起来，就不用这么紧张，也不会老是迟到挨批评了……"

兵兵对妈妈的话就像没听见似的，自顾自地吃着，两三口就完事了，用手背抹抹嘴，抓起客厅沙发上的书包，转身就往外走。妈妈又在孩子屁股后边喊："急什么急，才吃了这么点，一大晌午呢，会饿的。哎，东西带齐了没，别又落下什么重要的东西，这一天天真让人操心……"

这是中国父母最典型的家庭场景，也是中国父母最常见的错误——整天唠叨个不停。

心理研究调查证明，老是反反复复说同样的话，容易让人产生一种习惯性的模糊听觉，也就是明明在听，却不走心。我们常说的"左耳听，右耳冒"就是这样。所以，家长也不能怪孩子不听话，也需要静下心来反思一下，自己是否真的太爱唠叨了。

家长有责任跟义务对孩子的不当言行进行批评教育，但要适度。没完没了地唠叨个不停已经超越适度的范围，当然达不到理想的效果。尤其是批评性唠叨，会加重孩子的心理负担，打击孩子的自信心，甚至让孩子产生强烈的逆反心理。

✿ 不说"绝情话"——"狠话"会伤害到孩子的心灵

我们总是很容易在生气的时候说一些绝情的话，虽然事后感觉很后悔，可是无奈话已出口，即使道歉，说这并不是自己的真心话，也总是难免给听话的人心里留下阴影。

妈妈在教育孩子的过程中，也有可能出现这种情况，一时生气，脱口而出，对孩子说一些类似于"滚出这个家"等伤害孩子心灵的话，而大多数的时候，父母也不会因此去向孩子道歉，于是就给孩子留下了可怕的阴影，造成了不少悲剧。

期末成绩出来了，马晓这学期成绩下降了很多，妈妈很生气，狠狠地对她说："你还好意思拿着成绩单回来啊！叫你少看点儿电视你不听，现在成绩这么差，你好受了吧？"

"我又不是故意考不好的，我是……"

"你当然不是故意的啊，你就是现在成绩不好，才考得差的，别找什么借口了！"孩子话还没说完，妈妈就打断了她的话。

"你就是从来都不相信我，故意误解我的意思，你就是对我不好！"

"你说什么？你这孩子怎么这样了？我让你吃好的穿好的，花那么多钱供你上学，你居然说我对你不好，你还有没有良心啊？"

"本来就是，你从来都不关心我心里想什么，总是这样骂我，谁家的妈妈这样啊？"

"好啊，那你去找别的妈妈啊，你滚吧，想去哪里就去哪里，快点滚！"

马晓生气极了，当真跑了出去，在街头流浪了两天，直到爸爸妈妈找到她，把她带回家。

生活中，孩子离家出走的事件屡有发生。许多情况下，孩子是被家长的话逼出家门的。"你滚吧，想去哪里就去哪里"这句气话有惊人的杀伤力，往往会把孩子逼出家门，而且在他心里留下永久的伤痕。

其实，当家长说出这句最后通牒式的话来，无非是想逼迫孩子就范，或者是想以它来结束这场口舌之争，并没有把话当真，甚至事后会非常后悔自己说出了这样的话。然而这会让孩子认为家长一点儿也不在乎自己，随随便便让自己走就是因为自己一点儿也不重要，所以，不少任性要强的孩子，因为忍受不了家长的嘲弄而离家出走。他们当然不想离家出走，可一旦就此低头，便会显出自己的软弱，就这样屈辱地留在家里，还有什么自尊可言？所以，他当然要逞一回英雄，就这样真的离家出走了。就算孩子没有出走，也会在心里一直记得这个伤痛。

有一次，聪聪妈正在和孩子说说笑笑，两个人你一言我一句，一边说一边笑。聪聪妈说到兴头上，来了句："我的乖宝宝啊，你怎么一下子长这么大了啊，你要还是个小娃娃该多好玩啊。要不妈妈拿你去换个小娃娃吧。"这一说不要紧，没想到聪聪听了之后，睁大了眼睛惊恐地看妈妈，接着就开始哇哇大哭起来，眼泪就像开闸的水一样涌出来，一发不可收拾。聪聪妈这才意识到问题严重了。本来嘛，自己说把孩子换出去，在孩子看来就是妈妈不喜欢他呀。

总之，绝情的话不能说，不管是生气还是开玩笑，这会让孩子感受到深深的伤害，而且也不能解决任何实际的问题，如果说得太绝情，甚至会切断与孩子之间的感情。

电视剧《家有儿女》是一部风靡一时的情景喜剧，播出以后受到广大儿童观众的喜爱。之所以受儿童喜爱，最主要的原因之一就是其中的孩子并不是以依附于家长的角色出现的，他们不是家长的小跟班，也不是家长的"复制品"，他们被允许有个性，对家长服从少、平等交流多。正是这种平等尊重，而不是一味命令的家庭氛围，感染了孩子们，得到了他们的认可，因此这部剧才深得孩子们的喜爱。这就给了现实生活中的妈妈一些警示：要想和孩子相处得如同朋友一样亲密无间，就要坚守尊重原则，而不是过多地干涉和强迫孩子。

✳✳ 远离恐吓——不给孩子留下心理阴影

妈妈在教育孩子的时候，不要恐吓孩子，这样会给孩子心理上带来阴影。就像下面案例中的强强一样：

强强很喜欢听故事。妈妈每晚睡觉之前都会给他讲故事。

孩子的记忆力很好，而且好奇心强，故事书里有限的故事根本经不起这样一年三百六十五天地讲，最后书里的故事讲完了，妈妈就开始自己编故事了。

强强平时很挑食，又很胆小，不知从哪里听来"鬼"的故事之后，就一直很怕鬼。

于是，妈妈就心生一计，编了很多和挑食鬼有关的故事讲给他听，想以此吓唬吓唬他，让他从此不挑食。

"从前有个小朋友叫小毛，他非常不喜欢吃蔬菜，只爱吃肉，经常把碗里的青椒挑出来扔掉。于是，就有一个非常爱吃青椒的青椒鬼闻到了青椒的味道，找上门来，结果他发现，小毛居然把他最爱吃的青椒扔掉了，这让青椒鬼很生气，于是把小毛吃掉了……"

妈妈发现，这样的故事非常有效，如果前一天晚上妈妈说了青椒鬼的故事，第二天强强就会乖乖地吃掉青椒。所以，妈妈更加坚信用"鬼"故事来吓唬强强，可以让他更听话。

此后，妈妈又编了"专吃不爱洗澡的孩子的鬼""爱看电视的鬼""赖床的鬼"等鬼故事吓唬他。可是慢慢地妈妈发现，孩子似乎真的被"鬼"

吓到了。

有一天，强强在幼儿园吃午餐时，恰好午餐里有青椒，强强一看到青椒就赶紧去夹，着急忙慌地夹起青椒就往嘴里送，不巧的是，筷子没对准嘴巴，青椒掉到地上了。强强赶紧蹲下去准备捡起来，生活老师见状，连忙阻止他说："强强，这个脏了，不能吃了。"说完，就把那块青椒扔到垃圾桶里了。

强强见状大哭："不嘛！如果我不吃，青椒鬼会把我吃掉的！"

老师听得云里雾里的，费尽心思也哄不好他，只能打电话让妈妈过去。

这时妈妈才发现，妈妈编的这些鬼故事，已经在孩子的心里留下了阴影。

孩子心里有阴影，行为难免出现一些偏差，家长一定要注意，孩子这时候最需要的是关爱和帮助。真正身心健康的孩子是在家长的爱护和鼓励之下成长起来的，因此无论在什么情况下，家长都不要把孩子斥责为"胆小鬼""淘气包"，斥责不但不能使孩子变好，反而会使他们产生自卑感。要扫除孩子心灵上的阴影，就要尽量避免刺激孩子的心灵，一旦发现孩子的心灵受到了创伤，应尽快用爱来安慰孩子，抚平孩子的心灵创伤。在日常生活中，千万不要恐吓孩子，以免对孩子造成威胁和精神压力，从而产生不良影响，甚至会导致孩子成人后出现精神障碍。

妈妈在和孩子交流沟通时，一方面须认真聆听，让孩子觉得自己被重视与尊重，从而树立和维护孩子的自尊心。另一方面，孩子也会从家长的反应中觉察出自己想的和做的是否正确，这对孩子理性思维习惯的培养也有帮助。当然，妈妈在和孩子交流的时候，也应该注意一些细节，以下建议可供参考：

（1）借他人之口赞美孩子。

（2）用书信或日记与孩子交流情感。

（3）语调温和地交谈。

（4）及时地帮孩子了解错误。

（5）巧妙转移孩子的注意力。

（6）与孩子成为朋友。

（7）每次只说一件事。

（8）常常表达对孩子的爱和信赖。

（9）给孩子提有建设性的意见。

（10）不随便指责遭到失败的孩子。

（11）及时纠正孩子的不良生活习惯。

✳ 不说谎话——谎言是最坏的身教示范

在人来人往的百货商场或餐厅中，孩子大声地哭闹，任凭一旁的妈妈怎么劝说就是不愿安静下来……这种情形经常可见。一般面对这种场合，妈妈为了阻止孩子哭闹，常常会随口说些谎话来安抚或恐吓孩子。

在火车上，有位 6 岁左右的小男孩大声地嚷嚷着："我要喝汽水！"

妈妈担心儿子的叫声会惊扰到其他乘客，便立刻制止儿子的行为，说："没有汽水！"

但是孩子已经看到服务人员的推车上摆着几罐汽水，于是更大声地喊叫："汽水！汽水！汽水！我要喝汽水！"

无可奈何之下，妈妈只好屈服了："真拿你没办法！只能喝一罐！拜托你别这样闹行不行！"于是向服务人员买了一罐汽水，拿给孩子。

相信许多妈妈都曾经有过相似的经历。对孩子纠缠不休的要求，妈妈常会头痛不已，为了尽快让孩子停止纠缠就难免信口雌黄，告诉孩子："没有那种东西。""已经吃完了！"

说谎很容易，有些场合也确实需要说些善意的谎言。但是，从教育孩子的角度来说，为了哄住孩子而说谎只会使结果更加糟糕。

火车上那位妈妈一开始虽然拒绝了孩子，但后来她的儿子发现妈妈在说谎，就更加大胆地去挑战妈妈的权威，最后迫使妈妈屈服于他。一旦妈妈失去了权威性，孩子就会越来越不听话。而且，孩子只要闹脾气不停地提出要求，就能达到目的，那么他就很容易成为凡事以自我为中心的孩子。

为何会造成这种情况？这完全是因为妈妈面对孩子提出的要求只是一味地拒绝，不会耐心地向孩子说明拒绝的原因，完全忽视了孩子的要求。

如果那位妈妈能耐心地告诉孩子拒绝的理由，如告诉孩子："刚刚才吃过饭，现在喝汽水的话，肚子会不舒服，等一下再喝吧！"或是"回到家以后，冰箱里有冰过的汽水，更好喝哦，再忍耐一下！"相信孩子也能接受。

一些父母为了拒绝孩子的要求会编造谎话，一旦谎言被识破，那么结果就会变成前面所提到的那样，孩子会一直哭闹、纠缠，直到要求得到满足为止。所以，最好是让孩子明白为什么他的要求被拒绝，这样才能让他彻底断了念头。

一般而言，家长都不好意思在公共场合教训孩子，因此当孩子不停胡闹时，就会用谎言来应付、搪塞。但是，这些谎言会对孩子产生负面影响，所以，不管在公共场合还是在家里，妈妈都要尽量对孩子解释清楚，不要随便说谎。

说服孩子并不是一件简单的事，所以，妈妈需要有技巧性地让孩子接受你的解释，这个技巧就是——提出使孩子满意的条件。

以前文中发生在火车上的例子来说，"等一下再喝！"或"回家再喝！"都是一种必须遵守时间的约定，提醒孩子不可太自我。这种情况重复几次之后，相信孩子一定会懂得，当妈妈说"不行"时，自有其理由，这有助于他学会理解他人，以及学会自我控制，抑制过度的需求。

✳ 不说"求求你"——妈妈要树立教育立场

对于任性而为的孩子，家长不要对他说"求求你……"这句话，这只会纵容孩子的任性行为。

在一次钢琴表演会上，有一个小学三年级的小女孩对着母亲不耐烦地说："我今天不打算弹钢琴。"这位母亲顿时惊愕万分，只好对女儿好言相劝："你这么努力地练习，不就是为了今天可以上台表演，让大家欣赏你的演奏吗！……爸爸也会因此称赞你的。"

任凭这位母亲费尽口舌劝说，女儿始终不为所动，最后，母亲只得哀求女儿："拜托你听妈妈的话！"然后，这个小女孩才心不甘情不愿地走到舞台上进行表演。

此时，这位母亲才松了一口气，露出终于把难题解决了的表情。

然而，事情真的获得解决了吗？未必。这种处理方式可能会在以后给父母带来更多难解的问题。

有时候孩子胡闹，与其说是任性不如说是为了吸引家长的注意。他们为了引起家长的关注，会制造一些让家长惊慌失措的场面。而妈妈在碰到这类情况时，通常会向孩子屈服，央求他："求求你……""拜托你……"孩子看到这样的结果，就会觉得妈妈对自己无计可施，以后为了满足自己的心愿或想法，他就会条件反射地不断采取任性的手段。

应对这种任性行为，应该采取不予理睬的对策，等孩子终止任性行为，表现良好的时候再给予关注。这样，孩子就会认识到，只有自己表现良好才能引起家长的关注，从而也就学会控制任性的行为了。

对孩子说"拜托你……""求求你……"的言外之意，就是告诉孩子："如果你不想做，我也没办法。"这也就是说，妈妈一方面放弃了自己作为教育主体的立场，而另一方面又强迫孩子放弃自我主张，让他按照自己的意思去做。

孩子对于妈妈的这种态度其实非常敏感，经常会任性地反抗，让妈妈束手无策。遇到这种情况时，妈妈要强硬地表明自己的态度和立场，来制止孩子的蛮横无理。当孩子看到妈妈毅然决然的态度时，自己就会知道，再闹下去也无济于事。

另外，带孩子到亲朋好友家去玩时，如果孩子的行为举止遭人嫌，做家长的会觉得没有面子。有些妈妈会抱怨："我家的孩子很淘气，我实在不敢带他到别人家去玩。"即使出门前叮嘱过孩子"到别人家千万要安静"，实际也没有什么效果，因为孩子知道妈妈在别人家不会太严厉地责备自己。而且，就算妈妈责骂起来，亲朋好友也会为孩子求情："没事啦，没什么大不了的，别放在心上！"这种情形往往会在无形之中纵容孩子的任性。

其实，出现这种状况时，除了批评孩子外，同时还可以借助亲朋好友的力量来教育孩子。例如，请教对方："你们家也允许这样的事发生吗？"对方也许不便明讲"不行！"，但他的态度至少可以让你的孩子明白自己的行为不受欢迎，知道以后

在别人家中，一定不要做出不礼貌的事。

利用孩子"在意他人眼光"的心理，趁着带他到别人家里做客的机会让他学会礼仪，这是个既简单又有效的方法。当然，在决定这么做之前，最好与对方的家人事先做好沟通，才能携手达成目标。如果对方家庭正好也是这样教育孩子的，那么效果会更好。

经过事先的沟通后，以后当你的孩子在对方家里的沙发上跳上跳下时，就由对方来判断这种行为是好是坏，并划定界限，让孩子清楚活动范围，相信孩子一定会遵守亲朋好友所制定的规则。

远离苛责——忌随意责备孩子

做家长的都希望自己的孩子足够优秀，有些心急的妈妈恨铁不成钢，则会经常斥责孩子。他们认为斥责孩子才会让孩子"长记性"。有些较为冲动的妈妈，一见到孩子做了错事，"你还能干什么""简直是个白痴"之类的话就脱口而出。

殊不知，简单、粗暴地斥责不仅无法使孩子心服，在感受不到父母关怀的情况下，孩子还很容易形成逆反心理。逆反心理一旦形成，不仅会加剧亲子之间的隔阂和冲突，还容易使孩子的心理变得偏激、狭隘。这就是孩子渐渐不理会家长责骂的原因了，他们用沉默和家长做着抗争。这其实就是在逆反心理的作用下，孩子与我们越走越远的结果。

经常被斥责的孩子，容易产生巨大的心理压力，与此同时性格也日渐趋于内向。他们虽然非常厌恶家长对自己的责骂，但同时又在潜移默化中学会了这种解决问题的方式，并施予他人。

经常斥责孩子，妈妈的威信也会递减。因为一些妈妈在着急时声色俱厉地对孩子说："再这样，我不要你了！"可是，即便孩子真的再犯了，妈妈实际上对孩子也无可奈何，更不会不要孩子。这样做的结果只能是让妈妈的话越来越不起作用。

　　孩子渐渐摸清了妈妈的脾气之后，就会认为妈妈说得再厉害也只是吓唬人而已，就不再惧怕，甚至会对妈妈的斥责不以为然。妈妈说话再重，孩子照样我行我素，视妈妈为无物，这时妈妈就会威信扫地，拿孩子再也没办法了。

　　那是不是说妈妈就不能斥责孩子了呢？当然也不是。因为孩子毕竟没有大人那么成熟的思想，家长有义务引导孩子走向正确的道路；谁都有做错事的时候，孩子也不例外，所以斥责也是一种必要的教育手段，否则孩子会越来越偏离正确的轨道。只是孩子受到斥责后，需要一定的时间才能恢复心理平衡，所以不能时时斥责、事事斥责。如果整天处于一个心理极度压抑的环境，长期下去，孩子的心里就会抱怨："妈妈为什么总这样子对我？"总是受到妈妈的斥责，孩子的心理承受不了，很容易情绪崩溃。

　　有个妈妈，她的职业是教师，她的学生成绩都很好，所以她对自己孩子的要求也很严格。在家时，孩子不能大声喧哗，用餐时不能讲话，坐姿必须笔直，她还给孩子制定了一套又一套的家规。孩子稍有过失，这位妈妈就对孩子大加斥责。长年累月在这种环境下成长的孩子确实变得格外听话了，对人也有礼貌，但孩子的心理健康也因为妈妈斥责而受到影响，孩子渐渐变得拘谨、怕事、被动。

　　有一天，学校有活动，这位妈妈中午未能回家。孩子放学回家后，就老老实实坐在沙发上等妈妈回来。整整一个中午，妈妈都没有回来，也没有人给他做饭，他就饿了一个中午。当天下午他放学回来，妈妈问他中午吃了些什么，他说什么也没有吃。妈妈说："冰箱里有吃的，你就不懂拿出来吃呀，你是死脑筋啊？"孩子回答说："你没有讲呀！"妈妈大为恼火，训斥他："你真是废物！饿了都不知道吃呀！"

还有一次，这位妈妈在做菜，发现家里的瓶装酱油用完了，于是她叫儿子上街去买。碰巧，那天杂货铺换招牌，只在门前摆了一个小摊。小摊上只有袋装的酱油，没有平时家里用的瓶装的。由于妈妈没交代他是否可以买这种袋装的酱油，所以孩子没敢买，最后空手回去了。回家后妈妈气不打一处来："你这孩子怎么死脑筋呀！"

过度斥责，不仅会让孩子丧失自信，还容易让孩子形成懦弱、怕事、拘谨的性格。教育孩子是一个漫长的过程，不可能在短时间内就见到效果，需要妈妈戒骄戒躁，耐心地去和孩子沟通。简单、粗暴、频繁地斥责，对孩子的成长是不会起到任何促进作用的。

为了避免斥责带来的负面影响，妈妈一定要尊重孩子的人格，斥责孩子时一定要注意场合和分寸，切莫在大庭广众之下训斥孩子，也不要说粗鲁、讥讽孩子的话。斥责本身并不是妈妈的本意，但孩子却不明白这一点，所以一定要让孩子知道自己为什么受到了斥责。同时，妈妈一定要告诉孩子正确的做法，使孩子今后不再犯同样的错误。要示意孩子自己去思考和判断，用自己的努力去换取进步，这样的做法才是家长的最佳选择。

✿ 远离贬低——远离"习得性无助"

"习得性无助"是美国心理学家塞利格曼 1967 年在研究动物时提出的。他用狗做了一项实验，先把狗关在笼子里，当准备好的蜂音器一响，就电击笼子里的狗，狗被关在笼子里只能呻吟和颤抖。多次实验之后，再一次打开蜂音器，在电击之前把笼门打开，此时的狗居然没有夺门而出，而是不等电击出现就先倒在地上呈现痛苦状，它本来可以主动地逃避，却绝望地等待痛苦的来临。心理学家把这种现象称为"习得性无助"，它是指有机体在经历了某个事件后，在情感、认知和行为上表现出的消极的特殊心理状态。

同样的道理，如果一个人经历的失败太多，或者受到别人的讽刺、贬损太多，而体验到的成功和赞赏太少，就会产生无助感，从而变得悲观失望、灰心丧气、怨天尤人，丧失对自我价值的认知。而如果这种"习得性无助"发生在一个孩子的身上，那么妈妈就要检查一下自己的教育方法是否有问题了。

小涛一年级的时候，参加了学校的跳远比赛，没想到本来体育还不错的他竟然发挥失常，得了最后一名。回到家之后，小涛很不高兴地向妈妈讲述了自己在运动场上的失利，妈妈的回答竟然是："哟，就你还敢报名比赛呢？我看你这个成绩不是发挥失常，是挺正常的。"说完还"咯咯"笑了两声。小涛又羞愧又懊恼，转身回房间去了。

二年级时，小涛代表班里去参加区里的英语竞赛，在低年级组中拿了个第四名。小涛很高兴地拿着奖状回到家，满心欢喜地将奖状贴在墙上，妈妈却说了一句："第四名？是不是只有四个人参加？你看隔壁姐姐家，贴的都是第一名、第二名的奖状……"小涛没有再听下去，十分愤怒地撕掉了奖状。

从那之后，小涛参加课外活动和比赛的积极性低了很多，在他的心里，自己即使参加了也是白费力气，最终迎接自己的都会是失败。

小涛的妈妈或许不是有意贬损自己的儿子，而是无意识的玩笑，或者只是拿儿子"取乐"，但来自妈妈的这种言论和态度，对孩子的影响是非常大的。在这样的不信任、不看好的言论之下，孩子迟早会变得自卑，失去对很多事情的兴趣。这就是"习得性无助"的恶果。

那么，对于已经处于"习得性无助"阴影之下的孩子，妈妈应该怎么拯救他们呢？

首先，杜绝对孩子的贬低，不管是否恶意。要多鼓励孩子、多表达对孩子的欣赏。给孩子创造一个宽松、自由、快乐的环境。

其次，妈妈要遵循孩子的成长规律，在注重孩子兴趣的基础上，让孩子自由发展，不要给孩子制造过多的压力。

瑶瑶5岁那年，有一次在电视上看到一些穿着漂亮舞鞋的小女孩，踮着脚尖在跳芭蕾舞，一下子被吸引住了。妈妈看出瑶瑶对芭蕾舞的痴迷，便问她要不要报一个芭蕾舞班学习。瑶瑶其实是个很内向的小女孩，常常对自己的能力很不自信，她犹豫着说："不要了吧。妈妈，我觉得我很笨，学了也学不好，不能在比赛的时候拿第一名。"妈妈蹲下来，抚摸着瑶瑶的肩膀说："瑶瑶，你去跳芭蕾舞，应该是因为自己喜欢才去的，而不是为了拿名次。况且，妈妈也不需要你拿第一名，妈妈只想让你开心地做自己喜欢的事情。"瑶瑶还是很犹豫："我怕我学不好，小伙伴们会笑话我。""瑶瑶，不是那样的。每个人都是因为不会才去学习的，所以没什么好害羞的。

而且只要你认真跟老师学,妈妈相信你一定能跳得很好!"听了妈妈的话,瑶瑶终于展开了笑颜,大胆地去尝试了一次。

另外,很多妈妈可能崇尚严格的家教,但需要注意的是,严格并不等于批评和贬低。有的妈妈经常批评孩子,因为他们认为"多批评、少表扬"是一种严格教育的表现,能培养孩子的心理承受能力和意志力。殊不知,较少受到表扬的孩子会对自己失去信心,对于自己力所能及的事也会产生退缩心理,从而慢慢地失去主动性,并开始逐渐怀疑自己的能力。

可见,妈妈的话,在孩子听来是没有玩笑、认真之别的,孩子会非常相信妈妈说的话,并由此对自己进行评价。如果不希望孩子受"习得性无助"的侵害,就要严守嘴关,不要说伤孩子自尊和自信的话。

"习得性无助",并不是那么容易形成的,只有孩子在失败的时候,家长还在伤口上撒盐,孩子才会深深受到伤害,并进入"习得性无助"的阴影。因此,妈妈一定要将贬低的话从自己脑海中完全抹去,关注孩子的内心,经常鼓励他、表扬他。正如一句名言所说:用一吨重的批评去攻击他,不如用一两重的表扬去肯定他。

✳ 不要迁就——别孩子说什么就是什么

一味地迁就孩子,并不能让我们培养出一个优秀的孩子,相反,还会使孩子成为一个自私自利、蛮横无理的人。对于孩子的要求,我们不要一味地迁就,不要他说什么就是什么,我们应该去分辨是否合理,然后再给予他答复,这样,孩子才会懂得合理地提出自己的要求。

6 岁的轩轩和 5 岁的表妹雯雯一起玩，妈妈分别给每人两盒酸奶和一瓶可乐。轩轩很快就喝完了所有的饮料，而雯雯却还剩下一瓶可乐。当雯雯玩累了，喝可乐的时候，轩轩也向妈妈要可乐喝。妈妈考虑到轩轩已经喝了很多饮料，就拒绝了他的要求。没想到，轩轩就趴在地上，哭着打起了滚。妈妈没办法只好拿来半瓶可乐，迁就他。没想到，轩轩一看是半瓶，就把瓶子撒到地上，还拿脚踹，而且哭得更厉害了。妈妈只好拿来一整瓶可乐给他，他才停止哭闹。

轩轩的妈妈一味地迁就孩子，只能导致孩子变本加厉地向她索要东西，也会使孩子成为一个"以自己为中心"的人，最终受害的还是轩轩自己。

为了避免孩子被惯坏，我们怎样才能做到不迁就孩子，拒绝他的不合理要求呢？

1. 不迁就孩子要言出必行

很多孩子有恃宠而骄的心理，倚仗父母的宠爱提出各种要求。如果我们一味地满足，反而会助长孩子的这种心理，让他变本加厉地使用各种手段迫使我们去答应他的所有要求。为了避免出现这种状况，家长应说话算话，对孩子禁止的事情就一定坚持到底，不能因为孩子哭闹就心软，也不能因为自己心情好就对孩子网开一面。这样，父母很难在孩子面前树立威信，要让孩子知道自己是言出必行的人，孩子就会明白耍无赖没有任何作用，也就不会提出那么多不合理的要求。

2. 拒绝孩子的要求要做到以理服人

孩子在提要求时，妈妈要分析孩子的要求是否合理。如果合理，就满足他，如果不合理，就得找出合理的理由让孩子信服。

比如，孩子要抢妹妹的玩具，我们要让他明白，做哥哥的要疼爱妹妹，不能抢妹妹的玩具。我们给孩子以信服的理由，而不是单纯地拒绝，孩子接受起来就会容易得多。

3. 转移孩子的注意力

当孩子执着于一个不合理要求时，我们除了可以给孩子语言上的告诫外，还可以利用孩子注意力不稳定的特点，巧妙地将他的注意力引到别的事情上，从而忘记原来的想法。例如，孩子执意要玩小刀，我们可以用航模来吸引孩子的注意力。